Me escondí, pero gritaba para que me oyesen
Poemas de Minerva y otras voces

Pilar Baumeister Andreo

© 2015 Pilar Baumeister Andreo

Herstellung und Verlag:
BoD – Books on Demand, Norderstedt

Umschlaggestaltung:
Angelika Acker

ISBN 978-3-7347-7129-3

Juno Lucina, Diosa del nacimiento:

Mundo de sonidos, el vientre materno

(inspirado por Alfred Tomatis)

No sufro, sólo estoy asombrada.
¡Esperemos que todo crezca sin deficiencias,
no fuera que después me faltase una parte¡
¿Qué están diciendo sobre "oídos", "pies"
y "ojos" ¿Cuántas cabezas, frentes
y manos deberé tener?

Estoy agradecida por el calor de esta estancia...
La compararé después con "bañeras"
en casas con calefacción
y masajes para cuerpos y almas,
amor satisfecho e inmensidad...
contrastes de pasión y tranquilidad.

Me admira que no me haga daño
el estar tan incompleta
y además este añadir constantemente...
de siempre nuevas piezas
en el repertorio de mi yo,
que aún no es comparable con nada.

Mi pie no está aquí del todo.
Muchas partes de mí no están todavía.
Voy jugando con nadas, con algos...
Hago garabatos en el comienzo imprevisible de la vida...

Lo que me rodea todavía es poco claro.
Mis ojos no han llegado al punto
en que pueda experimentarlo claramente,
dónde me encuentro.
Pero los ruidos sí que los oigo,
de tuberías, fluir y líquido
en el vientre sinfónico de un ser humano.

De lejos oigo su voz, un maravilloso
paseo verbal a través de sonidos.
Su voz me transporta como su cuerpo,
como un gran bolso acolchado y protector.
¡Esperemos que yo no me pierda, extraviada
en el ajetreo estresante de tantas bolsas de carteros,
con tantas cartas que son envíadas¡

Por esta sinfonía prenatal
de su habla ahora...
tendré que amarla,
a pesar de nuestras diferencias de opinión,
que crecerán cada vez más con el tiempo.

Me maravilla el que yo me quede tan pasiva
y siempre deje que acaben de completarme.
Es asombroso que no me produzca espanto
el no poder pronunciar ni una sílaba
y entender a medias lo que proyectan hacer conmigo.

Es un milagro el que no me cause dolor...
esta prisión, este momento inexpresable
en que mis miembros no están del todo formados
y tanto podría aaniquilarme...
salir mal, con mi cabeza... mis ojos,
con mi propia voz...

Pues yo no tendré la misma voz deliciosa
de esta mujer grande, que habla
como desde un micrófono de azúcar
en medio del océano de mi ignorancia.
Tendremos los dos voces muy distintas,
especialmente si no nazco como niña,
sino como...
y sobre todo, cuando ya sea adulto.
Entonces nuestras voces
se diferenciarán enormemente.

No tengo ninguna aversión contra lo incomprensible.
Escucho el golpear de su corazón
muy alto, cerca, dentro de mí.

No tengo miedo de la gran separación.
Para ser sincera: todavía no sé que vamos a separarnos,
como el punto en la hortografía neutral e inconsciente,
que no sabe que va separando
unos pensamientos de los otros.

Es bueno que no me ponga nerviosa,
porque dependo tanto de la mujer grande,
porque soy tan débil y vulnerable.
Sólo con la condición de que su corazón
continúe latiendo,
podrá el mío latir también al unísono.
Pero espera un momento...
Pronto empezaré yo a vivir.

Minerva intranquila y Venus enamorada

(Dos mujeres muy diferentes, una más parecida a Minerva, la otra a Venus, se presentan al público):

Venus: -¿Qué puede alcanzar el amor?
Poco, muy poco fue
lo que consiguió...
¡Ah, si al menos pudiese
cambiar al amado
en un punto, un ligero
matiz de su caracter!

Cambiar al amado no lo pretendo,
sino cambiarme a mí misma,
gracias al amor...
gracias a suspiros,
sueños, fiestas alegres...
lágrimas... no quiero pensar,
sólo querer,
deseo la pasión, el placer.

Minerva: -Placeres sí...
pero con anticonceptivos.
Por favor, nada de quedar embarazada, sobre todo,
nada de esparcir el Sida por el mundo.
Nos dormimos con condones en las manos.

Venus: -Una siempre está dispuesta al amor.
Incluso con setenta años
podemos procurarnos un joven hermoso.
Los umbrales en las vidas son fascinantes.
Cuando tenía 8 años hubo un umbral,
y ahora con 70 otro de flores y avenidas amables.

Minerva: -Dormir con condones...
¡Qué risibles y grotescos
me parecen algunos cuadros y pensamientos!
Y sin embargo, debo seguir masticándolos,
examinándolos y reflexionando hasta el final.

Venus: -No, no, ésto fueron sólo
temores absurdos de mis noches solitarias febriles.
Soy joven, no estoy en cinta,
soy joven, bella y libre.

Minerva: -Salve, Venus.
Ya desde hace tiempo quería conocerte.
Pero díme: ¿te ocúpas realmente,
sólo del amor erótico,
del exterior moribundo y perecedero,
de fuegos y líquidos corpóreos?
¿O tal vez reunes
en ti misma
todas las clases de amor posibles?

Venus: -Y tú, Minerva,
La intranquila, la inquisitiva,
¿lo sabes todo realmente?
¿y piensas sólo en tu sabiduría?

Minerva: -En estos nuestros tiempos modernos
estoy aún más intranquila que de costumbre,
porque sé tantas cosas inagotables,
y sin embargo tan pocas verdades,
y todo tan aplastado, como filtrado, manipulado,
informaciones que llegan de todas partes,
el pozo de sabiduría del internet,
como un profeta colectivo deshaciendo a pedazos
mis propios hallazgos de siglos, superficialidad, inmadurez,
Todo como mal dirigido, censurado.

Estoy en el fondo muy insatisfecha
y curiosa, anhelante,
como si tuviera que inventar yo misma
el fenómeno de volar en el aire,
y no me contentase ya sólo con observar
a los otros en sus aviones
y naves espaciales,
las invenciones de los demás...
Yo también tendría que inventar algo,
cómo llegar a otros planetas.

Venus: -Y ¿cómo sería un beso entre dos Diosas,
entre una Venus canibal y una Minerva insatisfecha?
Quisiera, quiero besarte,
antes de que las dos nos vayamos.
(Se besan y se quedan como esperando algo)

Minerva:

Cómo pensar

Piensa...
Pero no afiladamente,
no de prisa,
no con constancia forzada,
no crónicamente
como la abuela de la reflexión.

Piensa sólo a mitades
de escenas, sin
continuación ni muerte,
a sorbos, deletreando
dulcemente el ritmo
de la conciliación.

Piensa a compás
de baile en esperanzas
de dicha. Piensa
sin estrépito,
con belleza,
como la frase suave
de un libro para niños,
pero no demasiado ingenuamente,
que no parezca evasión o engaño.

Piensa sincera
y fácilmente,
pero no apures hasta el final
cada pensamiento,
por amor a ti mismo
y a los otros.

La pequeña mentira de poder volar...
el breve espectáculo

de un sólo acto
de elevarse hasta el cielo
en un segundo de meditación.
Piensa con amor
en el instante venidero.

La presencia

Yo lleno un espacio,
la parte de esta estancia.
Una verdad con consecuencias
se deriva de esto:
el problema de mi presencia
tan difícil a resolver para los otros.

Espacio...
en el ascensor,
a la mesa,
incluso en mi verticalidad
cuando ahorro más
espacio al estar de pie.

Yo pido sitio,
pido aire.
El aire sin espacio
estaría envenenado,
los aromas y las letras sueñan
con extenderse espacialmente.

Es al dormir
cuando mi cuerpo
necesita
la mayor cantidad
de espacio.
Al despertarme,
son mis pensamientos.

Llenar espacio
es mi ocupación,
invertir un sinfín de fuerzas
en mi búsqueda de lugares,
vivir y morir en unidades
de espacio,
incluso en la tumba
conseguir también sitio.
Por eso creo yo que soy algo
y sueño que soy muchísimo.

La intérprete simultánea

Mi lengua hija era muy pequeña...
Casi no podía caminar.
Don sus piernas frágiles, delgadas
se daba golpes, se caía,
pero era como de goma y no se lastimaba.

Ella era vital, desprocupada,
¡tan joven, tan fuerte e inmadura!
Yo a veces la reñía
por su actitud irrefelexiva,
su testarudez insensible,
porque las muchísimas faltas
que hacía al principio
nisiquiera las notaba,
y más bien cantaba,
cantaba... más que otra cosa,
más que hablar.
Ella experimentaba, cortaba,
hacía frases incompletas, jugaba
más que hablar.

A veces se ponía triste y cansada
de tantos consejos
y recomendaciones que le daban,
de tanto esfuerzo y rigidenz.

Mi pobre y atormentada
lengua hija, mi muñeca de goma
se convirtió en una alumna temblorosa,
obsesionada con la escuela
y aprender la ortografía
y gramática alemanas.

Pero yo la consolaba
en momentos difíciles,
tanto como me era posible.
con el canto cuidadoso
de todas las madres...
Y me la llevaba bajo las alas
impresionantes y poderosas
de la vieja lengua materna.

No de hierro sino de vidrio
inseguro era mi lengua hija
con su gran misterio
de heridas constantes
de un hablar medio
ahogado por un llanto infatigable.

Pero muy pronto
ya no lloró más entre los extraños,
se hizo aulta,
mi hija ya mayor.

Se enamoró de los nuevos sonidos
y repetía como un papagayo
todo lo nuevo aprendido.

Hasta que un día los nuevos modelos
se deslizaron profundos en su interior
y se quedaron muy dentro, muy dentro
y ahora, casi como la lengua materna
van llevando a su umbral
todo un universo familiar.

Venus:

Una pancarta contra la muerte del amor

El Inalcanzable...
ha dejado por fin un mensaje,
diciendo, que sí que nos entiende.

Se ha dejado apresar,
por las lágrimas infinitas
del sufrimiento, del anhelo,
nos ha participado,
que todavía vive...
que nosotros todavía vivimos,
que Dios sigue viviendo,
que el pensamiento vive,
que el amor está viviendo,
y mientras vive, está luchando victorioso
contra la falta de vida de los sentimientos,
y está sobreviviendo...

Nos ha participado, que el recuerdo
más bello de la creación,
a pesar de toda dureza y frialdad,
sigue viviendo....
que tú vives, que yo vivo,
que nuestro amor mutuo vive.

Acaba de comunicarnos,
que nosotros dos,
podremos permanecer juntos.
Estoy arrodillada ante el poder bondadoso
que lo ha permitido.
Ha dado señas para que...
Ha anunciado que será unión,
y no separación;
ha dicho que sí, que lo entiende todo.

Cuerpos líquidos

El agua se escuchaba todavía,
cuando ya no quedaba,
ni una sola huella en el vaso,
cuando fue apurada totalmente,
y ya no quedaba ni una sola gota,
en la botella de los sedientos.

El agua se escuchaba todavía,
cuando las manos ya no estaban mojadas,
cuando ya habían sido secadas,
cuidadosamente, y cuando,
las flores en el jarrón se mustiaron.

Cuando mis manos,
bajo el efecto extraño,
de un líquido muy vivo,
mi sudor, se humedecieron...
cuando parecía que mis ojos,
de tantos charcos de lágrimas,
ya iban a desangrarse,
y cuando noté la saliva
en mi boca,
que hasta el final de mis días,
me ha condenado a este tragar incesante...
entonces pensé en el agua.
Contra el poder del agua,
no hay sitios seguros,
en el cuerpo humano.

La toalla seca es sólo una ficción.
Mira, mi sangre invisible,
que sólo se muestra de cuando en cuando,
pero que vive dentro de mí siempre,
hasta que yo ya no sea,
lo que soy, una mezcla
de presencias sólidas y líquidas:
lluvia, perfume y lágrimas,
adicta a la droga del agua,
perdida para la tierra,
sorbiendo sueros de aire y sensualidad.
Estamos ardiendo, ardiendo,
entre llamas mojadas,
llamas de agua.

Ceremonia para hacer que resucitemos

Pronto, muy pronto...
nos iremos los dos juntos
como en otras épocas.
Tal vez.

Pronto hablaremos
sobre cosas muy importantes
en la mesa del desayuno,
en esta recomfortante
atmósfera cotidiana
de la confianza.

Pronto me permitirán
ir contigo otra vez
como en otras épocas,
ir contigo escaleras arriba,
escaleras abajo.
Podré contemplar tu vida,
deletrear tu vida.

"Pronto, muy pronto...
volverá a despertarse el amor",
así va susurrando
una promesa,
cargada de paciencia
y de constancia.

Pero, ¿y por qué no ahora?
¿Qué sucede con el ahora? Pronto
podría ser que los dos
o uno de los dos
hubiese muerto ya.

Minerva:

Los muchos pasos muy difíciles

Fue dificilísimo
encontrar aquel número de teléfono
en aquella guía gigante,
con tantos, tantísimos números,
que pesaba indeciblemente,
muchos, muchos kilos,...
y los nombres eran tan parecidos
en la lengua extraña,
que uno no sabía si ya los había leído
y si el majestuoso y complicado
orden alfabético
servía para algo,
pues todo sonaba igual
con vértigos de incomprensión.

Luego vino el segundo paso:
saber cómo funcionaban las cabinas,
las monedas, las señales, los prefijos
de poblaciones con nombres raros,
y el tercer paso
fue muy difícil: hablar...
con el hombre del otro lado,
que no nos entendía.

Y luego encontrar la calle donde éste vivía,
con la desvariante
inmensidad de metros, posibilidades,
carteles, prisas,
gesticuladas explicaciones
y monosilábicas frases perdidas.

Fue muy difícil tener que dejar a los niños
en colegios y a veces, en hospitales

extraños que no habíamos visto nunca antes;
y visitar a la familia lejana
solamente una vez al año.
Eso fue para muchos.
Lo exterior y lo interior muy unidos:
el miedo a la equivocación,
a haber firmado contratos poco claros.

Al lado del que duerme

Estaba yo vestida muy de invierno,
por eso no me morí de frío,
sí, la cadena lógica de los acontecimientos.

Tenemos un pararayos,
debido a ello, no seremos destruidos
por el rayo; el poder del rayo
es para mí sólo un mito.

Las bombillas producen luz.
No, es un razonamiento falso.
Ellas son sólo instrumentos de un inventor.
Una música de violines,
podría hacer que me durmiese.
Estoy doblemente despierta,
porque el consuelo de la música
no llega,
y tú solamente
como un muerto
a mi lado duermes.

Más que entender las conexiones,
entre las distintas imágenes,
las voy inventando, creando ficciones:
porque tú tienes una patria,
yo también tengo una.

Con billetes y monedas
se puede incluso inventar
la venta de una casa
comfortable, jugamos, inventamos
la venta de objetos y vivencias.

Me parece engañadoramente borrosa mi dirección.
Porque Dios inventó mi vida,

tengo yo que imitarle y como un creador
deshacerme a trabajar en su ajetreo enorme,
florecer o marchitarme en su obra,
descifrarme a mí misma
o convertirme en su enigma.

Estoy inventándote a ti, a mí...
el presente, el recuerdo y todo un número
de caras además. Somos muchísimos,
por esto nunca estamos solos;
es un razonamiento lógico:
la soledad no es más
que una invención humana.

Lengua materna

¿La lengua materna?
La encontré...
Sin preguntas,
muy directamente,
dispuesta a decirlo todo como un cuadro,
ya completo sobre la pared.
Sin investigaciones,
sin tener que enviar solicitudes;
la encontré sin esfuerzo,
como una piedra en la calle,

sin esa búsqueda atormentadora de la madurez,
auténtica, como el cantar y el reír,
como el movimiento y la calma en una relación de amantes,
pero sin impacientes periodos de espera,
sin tener que sufrir ni engañarse.

Como la madre...
tan fluída, tan cálida,
siempre existente;
a ella muy parecida
me sonaron las palabras de aquella lengua
en el canto idílico de la infancia.
De un tiempo sin madre,
sin lengua,
no puedo acordarme;
no sé si en aquella época,
como recién nacida,
desesperada...
también estuve
buscando la palabra exacta,
para ser entendida claramente.
Una amnesia idílica borró el tormento,
y nos quedamos dormidos bajo el milagro
narrado por la lengua materna.

Ahora pensamos mucho más lejos,
en lenguas extranjeras tal vez,
pero un vibrar de sílabas intraducible, un éco
de la lengua materna permanece,
como un gesto de hacer señas,
que va más allá de la lengua y las palabras,
una fonética de ritmo y de suspiros.
El canturrear de la infancia nos sigue
incluso al terminarse el camino.

Venus:

Ciclo de amor sin armonía

El amor habló...
Sin voz
como resfriado,
como en un ataque de tos.

El enfermo asmático,
el enamorado,
comenzó a gemir en medio
de su sueño de atracciones.

El amor escribió...
Cortante, sin ritmo,
sin musicalidad,
el telegrama rápido
de una cita: verse.

El amor hizo
más extenso o estrecho
el lazo de la comunicación,
familiaridad o extrañeza.

Fue un nacimiento prematuro
aquel amor:
fue desarrollándose cada vez más
en la incuvadora de los años.

En tiempos difíciles
ya casi no había palabras,
ningún contacto de miradas,
ni un contacto de piel a piel,
ni siquiera en el recuerdo,
sólo todavía
un susurro mecánico.
Pájaros sordos
que no saben cantar
son los enamorados.

El amor firmó aquel contrato...
explotó como dinamita
en el pavellón de los sentimientos,
habló... con mucha dificultad,
jadeante, con esfuerzo;
al firmar... se hizo daño,
todavía más profundamente.
La pulmonía exacervante del amor,
la fiebre, la imposibilidad de hablar...
como al principio también al final.
El amor se terminó.
El amor volvió a empezar de nuevo.

Despedida

Entrada
e inmediatamente
la salida,
vivificantes experiencias,
y enseguida
dormirse...

La puerta ha acordado
con la ventana
que las dos
se cerrarán
al mismo tiempo
cuando me vaya,
que debo dar tres pasos
a la derecha
y marcharme
hacia la salida
y desaparecer...
Final, final.

La mesa muy fuerte
se arrastrará hacia la puerta,
para obstaculizar su abertura;
la llave se dará la vuelta
en la cerradura
para cerrarla;
la ventana se cubrirá de un muro
cuando me vaya,
con tonos quejumbrosos de reproche.

La estancia y los objetos
se han puesto de acuerdo.
No habrá lugar para tenderse,
ni sentarse,
ni estar de pie
y esperar.

La pregunta triste
del que se despide es:
"¿Qué haré con la persona
que se ha quedado dentro?"

La transformación

La figura amada
acaba de juntarse con el demonio.
¡Terrible, increíble! ¡Qué transformada!
¡Cómo se ha vuelto!
Y yo también transformada...

Despido hedor a veneno,
y sangre, huelo,
a pensamientos malignos;
las venas de mi interior,
tiemblan... estoy
agonizante: muerte de asco,
cansancio e ironía.

La lucha por mi parte ya se agota.
Una risa burlona me lanza fuera.
Me escupe, me tira por la ventana.
Soy como una bebida descompuesta,
que de estar tanto teimpo en el vaso,
ya no tiene buen sabor.
Siento una fuerte presión,
que me arrastra pendiente abajo.
Voy hundiéndome...
Y esta presión no la vivo,
sólo moviendose adelante,
sino también hacia atrás,
moviendose arbitrariamente,
como una cassette atontada
en una grabadora obediente.
Hacia la derecha y hacia la izquierda
vamos rodando sin voluntad
sobre la pista magnetofónica.

Olor a gas,
bebida que sabe mal,
todo lo han cambiado de posición.
La estancia es irreconocible con dos
figuras feas, malditas...
con tres, con más de tres, con muchas
figuras tenebrosas
de diablos apenados.
Tú y yo, transformados,
los otros también desfigurándose.

En nuestra hora apocalíptica
lo hemos vivido:
lo malo no es leyenda,
existe...
lo bueno en cambio
es sólo hipótesis.

Iustitia (con los ojos vendados):

Vuestras voces

Voces se me aproximan
con su ritmo desnudo
de sonidos que hablan.
!Ah, si no hablaran!
Si os quedaráis mudos
como partículas de pared ensimismada!

yo no sabría quiénes sois,
ni qué figuras en el mundo
balbucean su presencia.
Si no encontrara vuestra voz,
inexpresión de penumbra necia.

Pero vosotros hacéis ruido,
no sois los inertes muros;
vuestra frase baila y ríe.
Mi cita predilecta
crea un ensordecedor tumulto
de sonidos en mi mente.

Pensamientos de un invidente al tocar un bolígrafo

Algo con punta,
que escribe,
pero que no penetra,
solamente
roza el papel,
tiembla,
atraviesa largos caminos,
y despues se eleva
suave y soñadoramente
en el aire,
donde no se escribe nada más
hasta el próximo contacto
con la sagrada superficie
del papel,
que todo lo reproduce.

Mudo...
y carente de significado
para mí y sin embargo,
misterioso,
fascinador,
como picaduras de insectos
sobre mi piel,
como moscas,
que no se pueden apresar,
letras...
que no se pueden tocar
con las manos.

Despues de un click resoluto
como el zumbido de las moscas
se mueve su punta
majestuosamente y escribe:
mi nombre, tu nombre
y el de los amigos
en la lejanía.
Debo creer que sí
que es cierto
y que el papel escrito
está hablando nuestros nombres.

Este objeto alargado,
compuesto de tantas partes,
tan complicado y sin embargo
pequeño,
un poco más fino
al comienzo y al final
y más grueso en la mitad,
con un prendedor al lado,
hacia la mitad no del todo plano
como partido en dos por una raya
y de tamaño... muy diferentes
como las reflexiones de los que escriben.

Hecho para la mano,
pero su resultado
solamente para los ojos.
Para mí tiene la dignidad perpetua
de un idioma extranjero.
Movimiento, tinta y energía...
el fenómeno lo entiendo,
y cuando apretamos la parte superior
de este objeto,
y cuando la punta alcanza el papel,
entonces, entonces sucede...
entonces se dispersan las moscas
y tú te transformas

en un ser
que está comunicando algo.
!Cómo amo indeciblemente
la escritura silenciosa
de los videntes!

Minerva:

La melodía del Stress

El pedazo de papel
sobre el que había escrito,
ha desaparecido
bajo mis codos.

!Oh, bruja del despiste,
diablo de la incapacidad!
Busco desesperada
otros objetos y chismes.

La frase incompleta
sigue siendo mi destino.
Cosas olvidadas, formas incorrectas
gramaticalmente son el castigo
por mi falta de concentración.

Mi condena consiste en:
recibir una masa inmensa,
de material mezclado.
Mensajes telefónicos, telegráficos,
charloteo personal, ofertas,
proposiciones, preguntas,
cuatro botones que
han de ser pulsados casi simultáneamente,
y muchos pensamientos muy tensos,
con grandes pecados,
es decir: fallos...
bloqueos mentales y huecos.

Los nervios en mi cuerpo,
mis venas y mis piés,
tararean, cacarean,
zapatean la melodía del stress.
Martillear, martillear,
voces estenográficas...
buscar...
palabras clave para la búsqueda...
Callad.
Estoy buscando
un segundo de silencio.

Mi yo material

Costear irrevocablemente
la suma para mi alquiler,
gastar por mis propios libros
con una increible energía
el dinero ganado por mí misma.

Pagar...
con mis recursos autónomos,
pagar...
por cada visita al teatro,
por la comida que como,
por mi viaje de vacaciones,
por cada insignificante o transcendente
empresa en mi existencia;
por mi llamada telefónica,
las reparaciones del coche, los gastos
de mi entierro ya por adelantado.

En todas partes facturas pagadas
o todavía no pagadas
a lo largo de mi existencia;
una especie de terror apaciguado
o indiferencia
en el instante en que pago
un recordatorio urgente;
cheques, número de cuenta
y mi dinero para mí sola,
para mis pertenencias,
y yo en algún lugar.

El poema de los impuestos,
del trabajo, del seguro de jubilación
para más adelante en el tiempo.
Estoy midiendo
mi solubilidad económica
que se expresa por monedas,
billetes en ventanillas
de bancos
y cajas de ahorros.

Saber...
que nadie tiene la obligación de mantenerme,
que no derrocho el aire
que me fue dado exceptionalmente
con tanta generosidad al nacer.

Contar mi última calderilla en el kiosco
para comprar los caramelos que tomo...
Sie hubiese fumado cigarrillos,
entonces habría contado las monedas una a una
para comprame los cigarrillos.
Los caramelos producen en sí cierta tristeza,
nos recuerdan a la infancia
que ya no poseemos.

Cuando duermo
o estoy sentada en mi piso
gasto menos
que si salgo.
Pero ¡qué insatisfactorio es
el tener que estar siempre pensando
en mí! Quisiera que alguien me amase
y que yo pudiese regalarle algo.

Diálogo con el cuerpo

En aquella noche
que pasé con mi cuerpo...
Allí estuvieron
las manos tan intranquilas, sudorosas;
allí oprimieron fuerzas
invisibles la respiración,
el corazón, la cabeza.
los ojos, el estómago,
los pies incluso...
no estaban libres.
Como en una olla a presión encerrados,
los pensamientos como medio ahogados
y como en un cofre de joyas enterrados...
Cofre de joyas,
olla a presión,
imágenes muy diversas.

El joyero era más agradable,
una tumba más bella,
sin embargo asfixiante: materia.
Con prisa desesperada intenté
dejar volar a mis ideas,
que esto al menos de mí permaneciera.

No tengas miedo, cuerpo mío.
Como espíritu ya encontraré yo un medio
para liberarnos a los dos
de estancias claustrofóbicas
sin ventanas,
para expulsarnos hacia fuera
como saliva
en los campos abiertos de la inmensidad.

Yo hablé demasiado poco contigo
durante estos cincuenta años
de nuestra existencia juntos.
Me sentía muy elevada
y muy distante a todas
tus repeticiones de autómata.
Pero ahora que veo cómo sufres...

Ahora me viene la lástima
y el amor por nosotros,
por nuestros rasgos comúnes
y nuestras partes tan dispares.
Tengo que hablar contigo
con una bondad especial
y una gran persuasión,
puesto que soy yo la única
que vive en ti,
que sigue tan de cerca
y con visión clara
todas tus transformaciones.

A partir de hoy aliviaré tus dolores,
cambiaré la dura piedra
bajo tu cabeza
por almohadas de flores,
para que no notes la incomodidad
de estar tendido sobre mármol
ni el crujir de tus huesos.

Te mimaré mucho, cuerpo mío.
Las manos intranquilas, sudorosas,
las acariciaré suavemente
como un enamorado;
te dejaré dormir más largamente,
vigilaré los pasos graduales
de la curación,
quitaré con masajes
la náusea de nuestro estómago

y los fantasmas molestos de la tensión.
Pensaré menos cada
vez, trabajaré sólo para ti,
casi ya no seré un espíritu
por tu causa.
A partir de hoy obedeceré
más tus necesidades,
comprenderé y disfrutaré
más de tu presencia.
Para los momentos difíciles,
cuando ya nos falte el aire,
voy a buscarnos oxígeno divino: reservas...
Gota a gota lo verteré sobre los dos,
al menos durante el tiempo
en que aún sea posible,
sobre nuestros pies, nuestro corazón
que aún da vuelcos
y la circulación de nuestra sangre.

No soy lo bastante egoísta
para dejarte solo
y celebrar mi triunfo como espíritu.
¿De qué me sirve ahora la noción
de que sin pies también puedo volar?
y volaré, volaré.

Venus:

Beso a la piel

Piel hablada duramente;
estoy canturreando
el do-re-mi-fa-sol mudo
de mi piel.

Ya no se prolonga,
se contrae.
Sobre moradas
sin habitantes, tamborileando
escucho el sonido de mi piel
en el aire vacío.

Ella se tensa sobre mí
estrecha y comprimida,
muy ceñida
como un abrigo
que se ha quedado minúsculo,
peor todavía,
como una faja, que
con el movimiento más leve
amenaza por romperse.
Mi piel está en peligro.

¿Con qué debo vestirme,
protegerme,
si mi piel ya no sabe hacerlo,
si ya no es suficiente,
para cubrir toda mi sangre
y todos mis interiores?
Un futuro viviendo sin piel
no puedo representarmelo,
todavía no he andado nunca
sin piel...

Siempre tenía yo esa torre gigante
de carne y nervios a mi entorno
que se dilataba y podía crecer
al mismo tiempo que yo iba extendiéndome.

Pero ahora, ante el paro súbito
de mi piel
me he puesto pensativa;
yo ya se lo noto a la piel
que tiene dolores.

Desde que vivo sola,
le suceden cosas extrañas a mi piel.
Al intentar sonreír
lo noto doblemente:
esta estrechez,
la insensibilidad de mis músculos.
¿Quién tiene la culpa?
Mi piel está más próxima
a mí que mis músculos,
por esto dialógo con ella sobre esta anomalía.

Como un niño indefenso
nombro al final el más simple remedio
que lo cura todo:
un beso... un beso
y mi piel sanará.

Una declaración política de amor

Alemania y España
son dos países
que se quieren mutuamente,
unidos en el bello sueño de Europa.
Es un sueño romántico,
a la vez también sueño económico.

Mi marido escucha como hipnotizado
la lengua española
que no comprende...
Pero que le deleita.
Él es un amante de lo extranjero,
de lo incomprensible,
y el poder mágico
de estos sonidos sin significado
le apacigua, enriquece,
vivifica su sed de descubrimientos,
como una visión de la naturaleza
que no necesita palabras.

Así me amó él,
en seguida con entusiasmo
y sin preparación alguna, tan pronto
como oyó mis sonidos,
y yo también lo amé
así y a su país,
pero de una manera muy diferente...
reflexiva, con una claridad total,
pues yo había aprendido su idioma
y lo entendía tan bien.

Ciertamente suenan
mi nombre y mi apellido
a islas y costas del Mediterráneo,
a castañuelas andaluzas
y sardana catalana,
pero soy un compuesto asombroso,
hecho de Galicia, Castilla
y el país vasco, y de las once,
ahora dieciséis, regiones
de la Alemania Federal.

Mi morada interior está en medio,
entre estas dos grandes experiencias
de patria.

Extranjera sólo lo soy en parte,
como todos los que son europeos,
y soy internacional como
los pájaros, los ángeles y las flores.

Algunos van a contradecirme,
pero lo digo con fé plena y ciega:
Alemania y España
son dos países
que se quieren mutuamente.

Envidia o compasión

Los órganos
se envidian
los unos a los otros.
Los oídos
envidian a los ojos
la pequeña cantidad de luz
que penetra, filtrándose.

Los piés abajo,
atormentados por tanto peso,
envidian a la ancha frente
tan erguida a lo alto,
tan despejada
pero desamparada
y forastera.

¡Pobre, pobre lenguaje!
¡Cuán poco de lo hablado
Vive en el mundo!
¡Cuántas cosas en las que pensamos
se quedan sin expresión,
medio gemido y grito a lo lejos!
Y sin embargo,
los órganos restantes
que poseo
aún envidian a mi lengua y cuerdas vocales
por mi don del habla tan intenso
que se pierde... gastado,
en impotentes llamadas de socorro.

Una de las musas:

Lo que impulsó a algunos seres

Un andar sin objetivos, sin medida exacta,
un deambular en coche o en el aire,
sin volante, sin alas,
sin un contakilómetros...
para la distancia recorrida en vano.

Un desayuno sin posibilidades,
sin hambre,
ni un poco de detergente cerca para quitarnos
la suciedad de lo irrealizable.

In-a-pre-sa-ble
la intensidad sangrante
de imágenes, reflexiones
y rastros de sentimientos,
en un túnel muy oscuro,
en un abortar diario.

Un recorrido de siglos
sin ocupación ninguna,
incapaz de crear nada,
sin aire en los caminos.

Búsqueda de un desaparecido
sin saber su nombre,
una llamada transoceánica,
pero de rebajas...
desvalorada, gratis,
sin ni un contador de unidades
para enterrar al tiempo dignamente.

Así habría sido mi vida sin el sudor
de poder escribir...
esta sauna heroica en mis manos.

La experencia de ir desnudandose

Quitarse el abrigo...
las prendas interiores femeninas
hacia el final,
quitarse la envoltura interior
con sus capas múltiples...
la capa más externa,
la más profunda,
un desemvolverse infinito,
hasta que la capa más secreta
para todos ya
se muestra con transparencia absoluta.

Desenterrada...
Llevada a la superficie,
pelada, desabrigada,
desvestida, sin romanticismo,
desnuda como un paciente
en la consulta de un médico,
frustrada e indefensa
antes del examen,
nerviosa e insegura
tras la prisa jadeante de desvestirme
en un entorno hostil
en medio de un público indiferente.

Con las prendas quitadas,
corporalmente e interiormente,
y sin embargo carente de vergüenza,
con el gesto desafiante de un poeta
en un recital
y sin embargo hacia el final,
mientras estoy pronunciando
el último verso,
me hallo muy confusa,
llena de timidez,
con la cara ruborizada
y sintiendo como un ataque súbito
la repentina necesidad
de velos protectores.

Minerva:

Cero y sin recursos

En un punto cero
no hay nada.
Soy sólo como un animal
que apenas salta,
sólo come y tiene sed.
¿Adónde se me fue el alma?
Ni pedazitos de espíritu raquítico me quedan,
únicamente garras,
pico o piernas para andar.
Insensible...
Amnesia, dureza.
No lo sé.
Vacío y decepción,
pero sin huellas exactas.
Movimientos establecidos
como los de las máquinas,
los astros, las puertas automáticas
que nos dejan pasar.

Mi esencia la perdí no sé cómo,
mi gran esencia profunda, exquisita,
ganada tal vez en siglos de
reencarnaciones sucesivas.
Me he quedado sin aroma,
como una planta mal cuidada.
Sobrevivo pero
me falta el agua
y la ternura de los que riegan,

y que quieren que la planta crezca,
que tenga un valor en la tierra
próxima y lejana.

Así puedo vivir más de cien años
si la salud me acompaña,
pero me da pena tan poca
tan poca vitalidad
y expresión.
¿Por qué sólo vendo,
vendo productos
de poca calidad
que se romperán enseguida?
Voy comerciando diariamente
sin ánimos,
porque nada es mío realmente
No puedo quedarme con nada,
y el dinero que me dan
es también moneda falsa,
con la que no puedo comprame nada.

No habrá ninguna campaña de donativos
para mí. No vengo de la guerra
ni voy al exilio,
tampoco puedo con mi pobreza y desaucio
inspirar compasión.
Pero de alguna manera me faltan los recursos
más elementales y tengo que declarar mi perdida,
no sé adónde voy ni qué hacer conmigo,
con esta parte humana y celestial que perdí,
que no me devuelven en ningún sitio.

Mi equipaje está incompleto,
también el material.
Me olvidé de coger mi peine en Moscú en el hotel,
objeto sin gran valor, pero íntimo,
manos extrañas... ¿Que van a hacer con él?
Lo tirarán, desaparecerá.
Mi pelo no tiene nostalgia del peine
y ya no se acuerda más.

Yo también me tiro a veces
como si fuera un objeto
creado por otros,
de mimbre, de seda, de aire frío,
de madera protectora, de metal duro,
de vidrio inaudito.
Soy sólo planta, animal, objeto.
Lo siento,
sí, mi alma se escondió
y tengo un recuerdo muy vago
de que alguna vez estuvo.

Días de mosquitos, fumigación

Curso de tiempo borroso
el grandioso cambio de horario
la cuenta de tiempo tergiversada
las horas trans-formadas
nadie sabe qué hora es

Navegar sin reloj
en alemán Uhr
no es heure, hora, hour
sino reloj, el instrumento
para medir la majestad del tiempo

Ningún punto de referencia para la realidad
llena de confusiones, perpleja
es por la tarde en Puerto Plata
en Alemania es por la noche

Y de regreso de retorno
es todavía más demencial para mí
en Alemania es por la mañana
media noche en Puerto Plata
Las doce, hora caliente
de los fantasmas
con sonidos españoles
Todavía no estoy de vuelta

todavía vuelan
los aleteos aéreos
del gigante sobre el mar
por favor no molesten mi ritmo
aún estoy volando en medio
de dos perspectivas
el océano está susurrando
tiene fiebre
aunque en el avión

no se oye su ruido
sólo el motor y
las contradicciones de horario
son como repiques de campanas incontables
que nunca llegarán a un final
yo ya no puedo contarlos
estos alfileres
pero que no pinchan
Ningún contacto directo
cosas flotantes
sentimientos de vaciamiento
de extrañeza y distancia en el aire

Coronada de expresiión
y genialidad la experiencia
pero sin cerebro como un atrasado
mental el observador transoceánico...
Estoy bebiendo
y comiendo al mismo tiempo
de la contradicciión, masticando
y tragando tiempo
y vomitandolo al unísono
después de haberme saciado tanto
Todo tan super diferente
del transcurso diario
sacrilegio haber transfigurado, cambiado
las divinidades termométricas
lo invernal por lo veraniego
y otra vez invierno
estoy ex-perimentando
con lo sobrenatural con mezclas
ultrasensoriales de aire
campanas de océano, sin hogar, sin reloj, llegada
una llegada falsa
regreso puesto en duda

buen vuelo
una obra maestra
como un poema sensual de Neruda
los borrachos del vuelo
estamos aplaudiendo
porque volvimos ilesos
mis manos artificiales de plástico
y todavía con rastros de mosquitos
preguntan, ¿cuándo?
y están aún preguntando

Venus:

Un termómetro para medir la falta de amor

Tal vez la mitad de mí o un tercio
Son realmente queridos por alguien...
El resto lo tirarían a los tiburones,
si hubiese algunos al alcance.

Vacilante...
Dependiendo de los días,
grandiosamente, deslumbradoramente querida,
sólo medio amada...
un cero en ser amada...
totalmente desamada.

Veinte grados de amor,
ocho grados de amor,
solamente dos grados de la misma substancia
todavía reconocibles.
Cero grados de amor
(estoy helándome),
de todas formas es siempre mejor
que veinte bajo cero.

Querida, tal vez durante un momento...

Pero con un querer tan raquítico,
equivocado e incompleto.

La medición de los grados va
alarmantemente hacia abajo,
inconfundiblemente hacia el cero,
donde un amor entero ya no...

A veces me parece tristemente poco
Y a veces sí de apreciable valor
Lo que los otros me dan.
¿Quién puede medirlo con
exactitud y para siempre, con seguridad
hasta qué punto somos
amados o no amados
por Dios y la humanidad?

El segundo amoroso del sexo

Hacer el amor,
amarse y creerlo...
es quizás lo más
superlativamente, directo

o un rodeo entre muchos tantos.

Dormir juntos,
pero no dormirse,
estar acostados muy despiertos...
La realización inigualable
de lo deseado,

o una de las cotidianas necesidades
como el querer satisfacer
el hambre y la sed.

Explorar el cuerpo,
hacer cosquillas,
acariciar...
estar dirigido
a sólo un ser,
descubrimiento absoluto y único,

o a muchos, objetos arbitrarios,
como el viento que indiscriminadamente
se hace el amigo
de todos y nos
acompana solidariamente,
pero anónimo.

Reconocerse mutuamente
con una apasionada proximidad...
Reafirmar la vida,
saber a través del tacto y la desnudez,
estar plenamente enterrado en calidez,
en el calor producido
por el frotamiento mutuo,
por los movimientos rítmicos
de los dos miembros comunicándose;
parejas de amantes
entre retardar y rapidez,
igualdad y oposición de las partes
sexuales tan intimas y sensibles.

Hacer el amor como un ejercicio
saludable de deporte...
Una simple distracciòn,
entretenimiento,
casi mecánico el tono,
la repetición del placer
legítima y justificable,
como una buena taza de café,
para reactivar la psiquis y animarse.
Un agradable preludio
con vino y música,
lujuria, deleite, satisfacción...
Después poco intercambio y comprensión,
frialdad al despedirse.
En la mecánica erótica hay sus límites
como en las funciones del estómago.
Éste no puede estar siempre pidiendo
comida, tal vez dentro de una hora
sea posible de nuevo.

Comunicar algo
sexualmente, animalmente,
humanamente, divinamente,
el contacto profundamente anhelado
de dos brazos
que nos hacen revivir...

o con el estilo telegráfico de muchos,
obsceno y sin contemplaciones
se le llama: „el coito"...
Pero para los inexpertos
todavía sigue siendo
"el amor", todavía un poema.

Iustitia:

La vida tactil

En el tranvía

El invidente toca a tientas
el poderío frío e imponente
del barrote para agarrarse en el tranvía,
admira y examina aprobadoramente
la desnuda sinceridad del metal,
el ritmo inmóvil y firme de su seguridad,
refugiado allá en el tranvía.

Me agarro a la barandilla fuertemente.
No soy de vidrio frágil,
estoy muy digno, de pie,
como los otros pasajeros.
No necesito que me cedan un asiento.

Las cosquillas y la bofetada

¡Las cosquillas en el recuerdo!
Me acuerdo de las cosquillas
y me ríom me río de nuevo.
Mi cerebro se conecta con mis cosquilleadas
costillas o sobacos.
Sí, es un contacto misterioso con los seres humanos.

Mi piel pica, arde repentinamente
en una sobre irritación alérgica, doliente
en un punto concreto de mi cara,
donde alguien me ha dado una pequeña bofetada.
¿Por qué? Las cosquillas
eran divertidas.
Lo otro en cambio,
era extrañamente intranquilizador.

Las flores

Sobre la corta vida de las flores
hablan a veces los que vén.
Ellos las han visto.
Yo he sentido con el tacto
y respirado cómo se mustian,
cómo se van transformando
hasta ser muy distintas.

La podredumbre en la naturaleza
audible como la música,
perceptible bajo mis dedos,
he podido olerla,
cuán mal huele el agua
de las flores muertas.

Si hacemos una selección
de las más resistentes
y les damos agua fresca,
todavía podemos salvar el pequeño ramo un día más.

Pero el saber de este aplazamiento
no es consuelo alguno
y tampoco lo es para el ciego.

Imágenes mezcladas

La taza cuelga tan alto
que no se puede beber de ella;
cojo una silla, luego una escalera,
luego la toco.

Es un árbol,
de madera como la mesa de la cocina,
con muchas gotas de lluvia
que salen de allá,
que saltan y vuelan.
Es redondo como una taza,
pero construido de forma tan diferente...
con hojas,
que tienen un tacto semejante
al de mis blandas zapatillas,
o como las cuerdas de una guitarra,
y sin embargo tan distintas.

Indescriptible es el árbol,
como la mesa de madera
y la taza.

Yo empiezo a beber...
de las tazas o de los árboles,
bebo de la madera o del hierro,
sorbo lluvia, líquidos lácteos.
Ya están aquí medio mezcladas
y borrosas las
imágenes tactiles de mi vida.

No me aíslen, ni me oculten nada

-Yo soy muy cuidadosa.
No tenga más reparos.
A veces es una cosa muy valiosa,
un objeto, que quieren enseñarme
o que no quieren enseñarme.

Quiero convencerles finalmente
de que soy muy lista y experimentada
en todo lo referente al tacto,
escrupulosa y muy bien preparada.
Con cautela, invirtiendo mucho tiempo,
voy recogiendo cada objeto.
-Puede usted confiarme sus tesoros
tranquilamente, no tenga miedo.
No los dejaré caer de mis manos;
soy lo bastante fuerte para agarrarlos
en su totalidad.

Llena de amor y curiosidad,
con el impulso investigatorio
de una estudiante,
me ocuparé de todo
lo que quieran enseñarme:
el candelabro, la estatua,
la flor, la porcelana,
la joya, el bebé.

Sí, dejádme también coger en mis brazos
a un frágil recien nacido.
Casi no tocaré
y sólo muy suavemente
su cabeza, sus piernas.
El peso de su calor en mi brazo ya será bastante.

Este cuerpo con su peso minúsculo
inscribe ya su historia
dentro de mí y en unos pocos segundos descifro
su entera presencia vital.

Los objetos prohibidos
detrás de vitrinas
no puedo entenderlos.

Pulsar la máquina del amor con mi mano

Si tuviese suerte en el amor,
la cantidad y la calidad de mi contacto
no estaría sometida a los
administradores aváros
de un mundo exterior.

Entonces me estaría permitido
cambiar el volúmen del himno amoroso
como quisiera,
con caricias estereo o mono,
con respuestas o sin respuestas.
Entonces yo podría manipular esta máquina
de mis contactos y sentimientos,
tan complicada pesada,
recubierta de secretos,
podría elevar su sonido,
hasta producir un tono ensordecedor,
y después bajarla, bajarla,
hasta el más profundo silencio,
el de las reflexiones y la comprensión.

Partes escondidas y abiertas en mí

Algunas partes de mi cuerpo
están desnudas,
tocadas por el viento
afuera, son observadas.

Otra son centros amurallados,
cuidadosamente tapados, escondidos
a los ojos de los extraños,
como mis pechos, casi nunca mostrados
bajo una infinidad de ropas.
Casi siempre estoy cerrada,
como una caja llena de misterios,
estoy embotellada, envuelta
en velos, como mi ojo, inchado y deformado
detrás de mis gafas negras.

Mi cara en cambio está desnuda,
descubierta y alegre,
está jugando con el viento fuera,
acaricia al viento
y las mejillas de los buenos
amigos al saludar,
confiada, decidida,
sin timidez, desprotegida.

Minerva:

Hablar dos lenguas

Es como tener dos voces
Y, cuando, en momentos difíciles,
una de las dos sucumbe
de tanta consternación,
entonces tenemos la otra,
que nos ayuda para
que no nos quedemos mudos y sin expresión.
Y los seres que comparten esta lengua
Con nosotros se nos
Aproximan mucho...
nos ayudan
a sobrevivir.

¡El asombroso don de ser bilingües!
Una lengua salta
De júbilo
Mientras la otra reposa
En prados de aire,
hermanas gemelas
en un mismo cuerpo.
Juegos de lenguas saltarinas
Y reposantes, ¡tanta
Amplitud y tanta libertad!
¡Cuán ricas
En sonido e imágenes
Son las pequeñas, grandes
Cabezas de los niños!
Equipaje alemán y extranjero,

sílabas hechizadas
de cuentos
oídos, ¡cuánto
podríamos aún salvar!

Las manos

Manos sin movimiento alguno
serían incompletas.
Clevantar los objetos del suelo,
éste es el milagro.
Pero también las manos inmóviles
tienen un lenguaje,
tocan y descubren profundamente
toda la superficie
de lo que cubren.
También las manos de un paralítico
existen, existen.

La mano es más que simple
piel y movimiento,
es una parte indescriptible
de la creación.
Todas las acciones proceden
de la mano del hombre.
Hacer señas...
Donativo, asesinato...
temblar, golpear, acariciar...
La que ayuda en un parto,
la que expresa su voto
a mano"alzada.

La calidad humana
de cada uno de nosotros
habla por nuestras manos.
Una mano amante,
una enemiga,
esto soy yo misma.

A veces tenemos manos rotas,
quemadas, maltratadas.
En algunos momentos somos
Manos recien nacidas
con una muy potente luminosidad
de sangre en las venas,
con uñas firmes y una muy larga
línea de la vida...

Y después de nuevo somos
manos muertas,
despiadadamente frías cuando
nadie nos la coge,
nuestra mano.

Venus:

Pausas, domingo, vacaciones

Envenenada por las pausas.
Más cansada todavía
tras la pausa que antes.
Tiempo libre
servido a contagotas,
el estómago quiere más,
era demasiado poco esto,
estoy anhelante de pausas,
como de bonbones.
Los bonbones del tiempo libre
se derriten en las bocas.
Sólo queda la sed, la necesidad
de encontrarse a uno mismo
en la opacidad monótona
del trabajo.

Pero las pausas...
estos duramente ganados
minutos de descanso
ya anuncian el final
de la jornada laboral,
lo humano en mi respiración
sin reglamentos, mi rincón particular.

Fín de servicio, fín de servicio,
este es el otro punto culminante tras las pausas,
y después viene el domingo...
Y luego las vacaciones, y después...

Hechizada por el domingo...
con el propósito sagrado
de dormir más tiempo,
sumergida en hobbies, diversión,
iglesia, leer, escribir, conversación,
hacer algo para mí misma,
descubrime valiente y mítica.
Por la noche, hacia las once, desalentada...
El tiempo, el tiempo ya se está terminando.

Consolada por las vacaciones...
una figura celebrando el fín de servicio,
no pudiendo creer todavía
en las vacaciones ni aún en la vigilia
de este acontecimiento inaudito.
Cuando uno trabaja mucho y firme
no se puede creer en las vacaciones,
este i nmenso, inmenso océano de tiempo libre.
Ya no son esos pequeños, limitados
riachuelos de las pausas,
ni esas horas nocturnas
que sólo son medio nuestras
con distracciones breves y pálidas,
ni esos fines de semana melancólicos
con anhelos de mucho más, siempre más...
de más espacio, calma, libertad.

El trabajo es necesario y bueno,
pero siempre recuerdo todavía...
o me lo habrán contado en cuentos...
que yo no trabajé aún el primer día
de mi nacimiento.

El anfitrión erótico

Dame la silla de tu hospitalidad
y en la mesa una deliciosa
bebida para reanimarme.
Es hermoso gozar las leyes
de hospitalidad en tu hogar
y conocer tu nuevo país.
Enséñame tu ciudad,
guía de extranjeros,
ya no más extranjero para mí...
Más tarde te enseñaré la mía.

Intercambio de lugares y de costumbres.
Préstame libros en tu lengua.
Sólo estoy aquí de paso,
huésped transitorio
de tus iglesias y palacios,
pero podría sucumbir a la tentación
de quedarme por más tiempo,
quizás quedarme hasta lo infinito.
¿Será tu cuerpo mi morada?
?Serán tus pies mi gran soporte?
¿Será tu reloj el marcador de unidades de mis horas?
Tú, anfitrión del amor.
Sirve al visitante todavía más amor.

¿Podrá la patria mezclada de nuestras manos,
nuestros ojos y corazones
en todas las direcciones del cielo
de nuestros países...
hacer Eterno el hecho
de que ya no somos sólo visitantes?

Ceres, Diosa del crecimiento:

El segundo nacimiento

Uno creía
que iba creciendo...
(un crecer interno,
se llama eso)
que iba cambiando cosas, añadiendo,
que introducía novedades, que crecía...
que reestructuraba, hacía cambiar de opinión, influía, crecía...
Y casi que uno se moría de tanto esfuerzo
para poder darse otro nombre,
para cambiar su nacimiento,
para configurar de otro modo
toda su existencia.

Uno adoptó otro apellido,
cambió de sitio en la mesa
cambió de lengua, de pensamientos.
Fue un trabajo muy duro.

Hasta que un día viene una persona
y dice inofensiva y vagamente:
"En otra época vivías tú mejor,
lo sabías todo mejor."

Se dice que generalmente
crecemos hasta el final,
pero los viejos ya no crecen más
y los jóvenes son demasiado inexpertos para hacerlo,
y crecer del todo, totalmente
debe ser muy difícil.

Y uno nunca ve el interior
de otro ser para saber
cuánto ha crecido en realidad,
y yo...

Venus:

Energía del Viento dentro de mí

Velas de cumpleaños sopladas...
¡Cuán fuerte era el viento violento
en el aliento de las personas adultas¡

El viento habitaba en su respiración todopoderosa.
No era un juego, era más bien imprevisible, temible...
pues destruía en sólo segundos las diminutas
dulces lucecitas de las velas,

hasta que yo con el tiempo también aprendí el método
cómo poder y querer voluntariamente
sacar tanto aire de mis pulmones
de golpe como en una gran explosión.

Mis débiles suspiros se transformaron
en unidades de viento muy efectivas
que todo podían llevarlo al caos.

Incluso llegaba a producir placer
el que desapareciese...
aquel lindo, amable y cálido
brillo de las velas alejándose.
Decían que eran mis años,
que se los llevaba el aire en un soplo,
y yo casi que me alegraba,
porque era yo misma la que soplaba.

Yo obedecía el ritual juguetón
de esta jubilosa autodestrucción
cada año y admiraba mi propio poderío.

Con el viento de afuera,
el universal, impersonal
no me relacionaba casi apenas.
Lo único que hacía era cerrar la ventana,
cuando documentos de mucho valor
estaban a punto de volar de repente
por culpa de una ráfaga de aire muy fuerte.
Y recogía mi pelo irritadamente,
si el viento incesantemente
y sin descanso lo
desbarataba en una y otra dirección.

Yo era un mago disfrazado de niña,
Podía transmutar la materia
con la sola fuerza de mis pulmones.
De una pequeñísima superficie hinchable
podía yo hacer un globo gigante.
Respirar, soplar,
éste fue el acto creador
más decisivo de mi infancia.

Mnemosyne, Diosa de la memoria:

La niña adulta

Incontables piezas de madera,
para construir cada vez nuevas casas,
y siempre más y más,
puentes, iglesias, escuelas,
un parque... con un columpio, y montañas...
y sin cansancio, siempre construir,
crear, substituyendo las piezas,
incluso edificar un hospital,
cuando tenáamos que ir al médico
porque nos ponáamos enfermos.

La enfermedad no dolía.
Si a veces me quedaban pocas piezas,
yo entonces me inventaba algunas,
para poder seguir jugando,
espiando y soñando con estancias.

Era ahorrativa y astuta.
Cuando sabía que ya se me estaban acabando,
cogía de las partes ya construidas,
y así conseguía muy de prisa,
el material suficiente.
Destruía sin pena Para poder construir lo nuevo.

Como nadie entendía mis juegos,
no criticaba nadie mi
método de construcción,
así es que vivía feliz y libre
con mis muchas historias de los adultos...

Sí, tirar de un manotazo jubiloso,
en medio de la partida entre mi padre y mi hermano,
tirar todas las figuras serias y dignas
de su ajedrez reconcentrado y silencioso
y no sentir ningun arrepentimiento,
esto era la infancia.

Un Goethe que cumplió 250 años

Después de 250 años
todavía flota y se remonta
a lo alto su gran nombre
en lo imperecedero de sus obras.
Todavía no agotada
Está la inmensa edición de su variedad,
de sus reflexiones infatigablemente
accesibles como la luminosidad.

Convertido en películas, discos,
hora tras hora investigado,
subastado, pero invendible
la esencia de sus imágenes.

Su voz, que nosotros, los mortales
nunca podremos conseguir oír
porque en aquella época
no había tales
inventos de documentación sonora...
su voz no se ha desgastado,
sino que a través de la lejanía se dobla,
a través de los siglos
con interminables añadiduras
de intérpretes, científicos,
poetas y alumnos.
Claro es que no es el original,
solamente voz traducida, impulso.

Se le mantiene la respiración con conversaciones.
Durante miles de horas de clases su espíritu es evocado,
recordado; artificialmente eternizado
su sobrevivir entre los humanos
de un ser que precisamente
había temido tanto a la muerte.

Pax, Diosa de la paz:

Por Navidad y siempre

Un Dios que
se convirtió en un niño...
¡Sentimiento sorprendente!
El más bello de los milagros.
Así yo lo puedo mecer,
vigilarle el sueño,
y cuando llora
puedo consolarle por el hecho
de que nosotros dos
todavía estamos en este mundo
y no allá arriba en el cielo.

Como niño que es,
pregunta mucho
y yo intento contestarle
sin saber mucho;
él se sonrie tolerante,
porque sabe más
de lo que yo pueda jamás saber.

Como niño no lo entiende todo,
pero como Dios sí, más que nadie,
por eso permanezco astuta a su lado,
para poder comprenderlo todo mejor,
todas las necesidades
y la belleza de su creación.

Con otros niños
hay que tomar muchas precauciones,
no se les puede mostrar lo desagradable,
para que no se asusten ni se cansen
de modo excesivo.
Pero este niño lleva
una madurez infinita
y amor en la fuerza suave
de sus dos manitas.
Y hay eternidad
en el volúmen diminuto
de este ser tan especial.

En la cama de un hospital
yace un hombre ya anciano
que dormita solitariamente
o está gimiendo su monólogo largo.
Está doblemente solo,
porque es extranjero
y no entiende la lengua del país
y además está muy confuso su cerebro.

He tenido una repentina idea.
Ya sé lo que vamos a hacer:
envíaré a mi Dios bebé a su cabecera,
enviaré mi pequeño buen Dios
al que está triste,
pues él es el mejor de los nietos
que se puede desear y el único,
el creador, que todo lo entiende.

Jesús le hará cosquillas en las costillas,
con sus maravillosos sonidos
le distraerá del dolor,
acariciará su cara y lo curará de todo lo maligno.

La aparición

Encontrar a Dios...
Encontrarlo inopinadamente,
sin predicadores...
y no en el día de mi muerte,
sino precisamente hoy,
ante la desesperada urgencia
de salvar juntos al menos
partes de nuestra vida terrena.

En medio
del cada día cotidiano gris
allí está sentado repentinamente,
aquí, delante de mí
en el escritorio.
Y ¡cuán extraña, nueva e innocente
Es esa aparición!
¡Qué especial y único
Es el acto
de convertirlo en ficción
y de desear su presencia
precisamente donde sólo se sientan
los inexpresivos y encorbados
compañeros de trabajo!

No como de costumbre en la iglesia,
sino precisamente en la oficina,
entre ficheros moribundos un rostro
interesado y luminoso.

Me asombro por la aparición.
Casi me hubiese olvidado
de que existimos los dos,
tú y yo, el artista y lo creado,
vendedor a domicilio
que anuncia de puerta en puerta
la esperanza del paraíso.

Dios supo transformar
Por encantamiento
cenizas malogradas
en cuerpos vivos
y alegres almas,
en tanto lenguaje tembloroso
y enamorado.

Mi lenguaje es burocrático,
pero religioso.
Me he vuelto modesta en mis necesidades,
Dios, no quiero pedir demasiado
Tus servicios personales.
En caso de que verdaderamente
Sólo en la hora final
Me sea posible el poder verte...
entonces, sí, envíame
una aparición bienhechora
que se te parezca,
házte otra vez por mí hombre.

Mándame una presencia atractiva y variada,
con una energía inagotable
y una enorme alegría vital,
que susurre calor como un abrigo,
como una calefacción humana
llena de sentimiento
en manos divinas –
una figura tranquilizadora,
fiable, comprensiva,

que de vez en cuando con tu voz de más allá
narre acontecimientos fascinantes –
con ojos acariciantes –
con un corazón de perfume agradable.

Mándame a un simpático
yo de la amistad,
masculino o femenino,
o la figurita de un bebé
refrescante, benigno
delante de mí en el escritorio,
para hacerle cosquillas y abrazarle,
allí entre los ficheros
de papel silencioso y rígido.

¡Sagrado Dios en la oficina,
abre de prisa la tienda de regalos
tan merecidos por los pobres y sedientos!
Envíame a alguien pronto
Que me recuerde a ti, al Eterno.

Minerva:

De tanto com-prender, caerse muerto

Com-prender, com-prender.
Caí de plano sobre las piedras,
desmayada. La presión de tener que anotar
todo lo dicho
y después ya nada más.
Lo dicho cayó sobre mi cabeza
sin preparación como moscas,
como lluvia,
y después se deshilachó
de tantos rodeos,
tan torpe y pesado,
difícil de pronunciar
como una palabra de diecisiete sílabas
ante la tumba de un ser humano.
¿Y dónde se encuentra el final de la palabra?
Las pre y las postindicaciones de lo dicho
Ya se han hecho innecesarias...
El contexto y la expresión clave
de lo comunicado.
El que habló y yo
hemos caído,
desde una altura peligrosa,
como aviones
sin permiso de aterrizaje.
Como ascensores defectuosamente
reparados, dubitativos,
sin fuerza de convicción.

El en-tender precipita la caida,
interpretar ya no se necesita.
¡Ah, el alemán y sus sufijos asombrosos
tan borrosos
de con-exión!
La vida... y la desvida...

La lámpara y el insecto
con reminiscencias de "La metamórfosis" de Kafka

Estoy colgando quedamente,
sin hacer ruido,
peligrosamente...
en el techo,
en la lámpara de los
que viven en mi mismo domicilio.
Una lámpara que me alumbra,
pero que no me apercibe,
no me interpreta.
No existe ninguna clase de conexión
entre la lámpara y el insecto.

Estoy colgando de la lámpara,
que lenta y mecánicamente se balancea
cuando la gente en el piso de arriba
salta y corre
con altos tacones,
cuando corrientes de aire
u otros impulsos vibratorios
se introducen en la estancia
y automáticamente nosotros también nos movemos.

En el ritmo sin inteligencia de mi soledad
voy contando las unidades de balanceo
todas juntas.
Si la lámpara se cayese al suelo,
yo también me vería involucrada,
afectado también mi cuerpo.
De esta luz de lámpara tan grande
yo no puedo escaparme.
Por desgracia, casi ya no se usan
las candelas en nuestra época.

Cargada de corriente eléctrica
Y sin embargo, ahorrando corriente
en una transitoriedad elemental,
estoy colgando sin tocarlas,
rodeando tan solo la constelación de las figuras
que me inspiran a la vez amor y alergia;
atraida por la luz,
y con repulsión
ante la suciedad del techo polvoriento,
estoy colgando... yo
en un malestar tan incómodo,
profundamente sentido
como algo flotante.
Quisiera poder vivir de una manera
muy distinta con mis semejantes.

Venus:

La historia prohibida de una posesión

Sangre sin delincuencias,
Un sangrar mensual,
acostumbrado...
cíclicamente inofensivo,
sin producir espanto.

Son muchas gotas en un baño
de sentimientos... incontables como
el tic-tac de un reloj,
y a través de los años
ellas se quedan
como una impresión
de humedad hipnótica
ya más allá de la masa corpórea,
una parte de nuestra psiquis,
una parte de nosotras.

sujetamos el recipiente de la sangre
con manos temblorosas,
después con manos valientes,
firmemente, para que no haya
ni peligros, ni manchas.

Este interminable regreso
De un sentimiento permanente
De debilidad y de secreto
Vuelve a tomar posesión
de mí, de nosotras...
se posesiona de mis células.
Yo solamente sé algo acerca
de mis propias sensaciones nunca descritas.

Este gotear callado, invisible,
vivido por mí a escondidas
en mi existencia femenina me parece
un fenómeno de la naturaleza de afuera
hecha interior.
Las lágrimas, cayendo de los ojos,
la lluvia, desde el cielo
son todaviía visibles,
pero esta posesión
la voy sintiendo sólo yo:
mi sangre.

Es ese fluctuar y caerse orgánico
en el fluido sin fin
de la naturaleza y de los años.
Muy comparable al hacer punto,
una respiración de mujeres
de una malla muy fuerte
en un océano de lana,
de jerseys de invierno
y bufandas,
pero también de trajes de baño
y ligeras prendas primaverales.

Juventud, culminación, muerte.
Pero mi sangre no es de muerte.
Es agradecida, cálida,
limpia, alegre,
sin aflicción,
es sólo una medio herida,
llena de proyectos para el futuro,
inmersa en un mundo de acción.

Resulta difícil pensar, difícil
Que mañana, algún día
Ya no lo experimentaré así.
„Menopausia, menopausia"
van gritándome los amenazadores
Dioses de la Grecia clásica
con la densidad comprimida
de un drama de un solo acto
en el escenario.

Los pies de las personas
son órganos muy especiales
pues sólo ellos pueden dejar
nuestras huellas sobre la tierra.
Y también nuestras explosiones cíclicas
tienen algo especial.
Para mí no es ninguna palabra prohibida,
para mí que lo estoy viviendo,
Yo lo nombraré: „mi posesión"...
mía como la lengua femenina,
ascendiendo a los oídos
de un pájaro, que también canta.

El masaje, la tercera forma del contacto

Unas manos extrañas
tocan un cuerpo,
proximidad permitida por ser necesario,
abiertamente, sin recelos,
por motivos de salud...
es el milagro procedente
de un vínculo superficial
como el saludo o la firma
en una postal.

¡Qué indeciblemente importante
es la vida cotidiana,
el encantamiento de ir confundiendo
unas cosas con otras!

Confundo gustosamente
este acto repetido y mecánico
con otro de muy distinto género,
uno de caracter humano,
confundo el usted con un tú
durante la pausa sagrada del silencio.

„Contacto, contacto"
va diciendo el suave
ritmo de sus manos.
„buenos deseos de salud"
va cantando
el movimiento
relajante y tranquilizador.
Este extraño y yo
estamos pensando
en el reestablecimiento y alivio
de mis músculos tan tensos.

Contacto, contacto...
en esta época engañadora de abundancia
Y fácil accesibilidad.
Pero en verdad árida de contactos.
El médico ya no ausculta casi nuestro corazón.
Sólo los masajistas tocan aún nuestro cuerpo.

Yo ya he conocido hasta ahora
Tres formas de contacto:
El amor con sus grandes, grandes
Puntos de exclamación; el agua en el baño.
Ahora estoy experimentando el masaje.

El contacto con personas lo he conocido,
también con las máquinas,
he tocado una prótesis,
sentido la taladradora de un dentista
y sostenido a menudo
en mi mano un micrófono.
Pero el contacto de una piel viviente
contra mi piel tan directo...
eso ya es algo muy diferente.

Debiera decir algo acerca del extraño
Que me acaricia.
Ahora estoy tendida
pasivamente, abandonada
a la cadencia misteriosa
de su aplicación terapéutica.

No es maquinal,
sino un humano acariciar
y tocar campanas.
Quisiera hacer durar
mi confusión de identidades
y soñar...

Una de las musas:

El aplauso inaudible

¿De dónde venía él?
Sólo era para los ojos,
visible.
No podía oirse.
El aplauso era suave,
ahogado, mudo, de pantomima,
como mariposas silenciosas,
como pasos sobre alfombras.
Era antinatural
que el aplauso no sonase
a nada
y que, como en el cine mudo,
se proyectase sin tono.

Pero sí valía la pena observar
cómo las manos de los hombres,
enguantadas, con palmas
sin sonido, vacilaban
brevemente en el aire
y después, ritualmente,
como el arrodillarse en la iglesia,
se movían una hacia la otra,
se movían...

Mis manos aprendieron el movimiento.
Este danzar de los músculos, mímico,
como un gesto de saludo,
un balanceo.
Yo hago gestos de saludo
y me balanceo desde entonces...
en círculos cálidos
de simpatía por los seres
que en secreto

y sin ningún ruido
me aplauden.
Pero echo de menos
Las palabras, el sonido.

Una vez se terminó de pronto
La presentación insonora.
Alguien me tendió la mano
y como un merecido elogio
a mi persona pronunció
palabras de saludo.
Hubiese deseado
poder aprender a hablar
Todavía para responder a sus palabras.
¡Oh, por qué y cuándo
perdimos la lengua!

¡Ayúdame, mímica!

Cuando pienso en la
imposibilidad
de la mayor parte de
los intentos...
Estoy echada en el suelo, afligida.
Incluso el levantarme
y dar unos pasos
me parecen cosas inalcanzables.
Todos, todos los actos sin excepción...
Sólo el reflexionar sobre la imposibilidad
presenta una cierta dignidad.

Desde hoy, a partir de hoy
me volveré perezosa,
anti-acción, estoy en huelga,
en contra, del baile, del éxito, en contra...
Mi alma
y mi pie fracasan.
El triunfo de los demás
me parece una adivinanza,
como si se lo hubiesen imaginado,
el misterio de que
haya premios Nóbel,
gente que
no escriben inutilmente.
Premios, premios, becas, puestos nuevos.
Conversaciones satisfactorias,
contactos fascinantes,
la vida...
Todo esto parece como un mito
al que, sentado en el suelo, sólo
se pregunta si continuar así sentado
o mejor hacerse para siempre el muerto.

Es increíble la tozudez
con la que he intentado tantas empresas:
argumentado, consolado, escrito, cantado,
desvencijado, trabajado, vacunado contra, puesto azúcar en,
amamantado, abreviado, llevado a cuestas,
ensayado, frenado,
pedaleado, obligado a correr, estressado,
a través de horas sin felicidad.

Una vendedora a domicilio explotada
delante de mercancías no vendidas,
ésto es lo que he sido,
una repartidora de periódicos
sin sueldo alguno,
por eso me quedo ahora aquí tendida.
Sólo el tic-tac de mi reloj
cumple con éxito su misión.

Iustitia:

El himno de los minusválidos

Cuando vine al mundo
ellos no me mataron,
los hombres son buenos.
¡Oh, sí, sí!

Me desprecian sin embargo,
me interpretan mal a mí
y todo lo que necesito,
los hombres son malos.
¡Oh, no, no!

Construyeron y construyeron
cosas especiales para mí:
sillas de ruedas, el alfabeto Lorm
para los sordomudos,
escritura para ciegos.
Pude aprender tantas cosas
y disfrutar de mi existencia tanto
que me convertí en una persona normal.
Los hombres son buenos.
¡Oh, sí, sí!

Sólo mostraban ráfagas de interés hacia mí,
pero ninguna calidez, ni amor.
Sólo para hacerse los grandes me llevaban consigo
a escenificaciones sensacionales de caridad.
Los hombres son malos.
¡Oh, no, no!

A veces recibía yo regalos del destino
que suavizaban mi pena,
dinero para taxi y acompañante,
lentes y protésis gratis
y un ordenador fantástico para la empresa
e indemnizaciones mensuales como consuelo.
Los hombres son buenos.
¡Oh, sí, sí!

Pero ¿por qué no me comprenden
cuando hablo con ellos?
¿Por qé me encierran en un despacho
y luego se marchan rápidos,
tan de prisa como pueden correr?
Los hombres son malos.
¡Oh, no, no!

Me enseñaron a cantar,
La poesía, el arte.
Algunos, mi familia y amigos, me tenían pena,
porque me hallaba tan falta de ojos, de piernas,
o porque tengo que vivir sin el oído.
Y muy íntimamente unidos,
llorábamos incluso juntos.
Los hombres son buenos.
¡Oh, sí, sí!

Pero cuando dije, ahora lo he superado,
hoy soy normal gracias a vuestra ayuda,
puedo trabajar normalmente y alegrarme
de estar viviendo con vosotros",
entonces, muchos se apartaron de mí
y no querían creer lo que yo decía.
Y no me dieron trabajo, ni objetivos.
sólo pensamientos.
Los hombres son malos.
¡Oh, no, no!

Ellos decían
al principio de mi vida
y también más tarde
que yo no era retrasada mental.
Esto fue un gran alivio.
¡Yo podré hacer tanto con mi intelecto!
Los hombres son buenos.
¡Oh, sí, sí!

Pero he ido demasiado de prisa
y me he equivocado.
Hubiese podido ser atrasada mental,
y no hubiese cambiado mucho el trato.
¿De qué me sirve todo el intelecto,
si sólo prestan atención
a la parte enferma de mi cuerpo?
Los hombres son malos.
¡Oh, no, no!

No solamente malos, sino tontos.

Al principio aún me prometían
tareas de responsabilidad:
sólo tenía que estar bien preparada,
así es que hice muchos cursos de adiestramiento
y me convertí en tan eficiente como los
normales, los sanos, que lo toleraron
e incluso lo hicieron posible.
Los hombres son buenos.
¡Oh, sí, sí!

Pero, ¿y esta desconfianza eterna,
cuándo se terminará?
¿Y por qué hablan siempre tan sólo de mi incapacidad?
Ya no puedo aguantarlo ni un minuto más.
Los hombres son malos.
¡Oh, no, no!

Minerva:

A los cuarenta aún sin sentarme

En el punto menos firme,
en aquél que está casi por romperse...
con todo mi cuerpo apoyado
sobre el vidrio de la ventana débil,
he convencido a mi peso,
de que no apriete tan fuerte,
de que se vuelva más ligero,
que se aleje inmediatamente,
para que... para que yo no...

He preguntado dónde se halla
El banco de madera seguro
Y cómo podría yo alcanzarlo,
cómo liberar mi cuerpo sin ayuda ajena
de mi incómoda posición actual.

Según dicen, el banco está ocupado.

He pasado cuarenta años
con problemas de desequilibrio.

Y sin embargo, he visto con asombro
Que la ventana es de metal duro,
que todavía puede aguantar mi peso,
e incluso el tuyo.

Quiero confiar en que sufres menos de lo que pienso

El dolor no pasará,
hasta que el médico no aparezca
con la inyección calmante,
el alivio es un sueño todavía irrealizable.

No es un alivio que prometa
Salud, sólo aplazamiento,
pero anhelado con impaciencia sedienta,
como agua, de apariencia sucia,
que al que tiene sed
al principio le da asco,
pero que después,
de tanta sed...
olvida el asco
al beber rápidamente.

La ley del dolor
Tiene un poder inmenso.
Incluso el observador fatigado
percibe que el grito de socorro urgente
debe ser contestado,
sin dilación más permitida, inmediatamente.

Que sea por fin hecha la justicia,
al que sufre y al que ve el sufrimiento.
El sentido de lo que es justo
empieza al observar
el dolor ajeno.

Hay que esperar tres horas...
Esto es lo que me han dicho,
Aún debemos estar agradecidos
de que al final alguien aparezca,
un médico con la sagrada inyección
y nos ensordezca el dolor.

Cada grito y cada gemido
va más allá de las definiciones
de tiempo transcurrido.
como reflejos automáticos
en esta atmósfera
Que no permite ningún otro sentimiento,
como un éco productivo
de lo que estoy viendo,
me pongo a recordar mis propios
dolores esporádicos.

Dolores de estómago,
de cabeza, de ojos,
dolores de dientes, de garganta
dificultades en tragar,
en general sólo una parte del cuerpo,
pero a veces hasta dos,
dolores que se comunican
reciprocamente y se refuerzan
en su hermandad del mal.

Molestias cardíacas,
una presión en la matriz,
que los hombres no conocen,
una quemadura, un corte,
uñas sádicamente
mordisqueadas al escribir,
debilidad en la muñeca,
dolores psíquicos,
estar desmayado,
perder el conocimiento...

Pienso en los dolores de las operaciones,
en el malestar de la anestésia al despertarme.
Pienso en una mujer ya mayor,
muy querida... que murió
sin recibir ninguna inyección.
Estoy pensando en ti durante las tres horas.

Tú intentas darte la vuelta en la cama
con un inusitado esfuerzo,
por cada girar de tu cuerpo
titánicamente difícil,
te alegras amargamente
por cada más mínimo movimiento
que aún consigues.

Sufrir el dolor.
¿Crónicamente? ¿O transitoriamente?
¿Más? ¿O menos mañana?

Esperar aún tres horas.
Y ¿cuánto tiempo dura el efecto?
¿Hasta mañana? ¿Hasta pasado mañana?
Y tres horas son inmensamente crueles largas.
Tal vez aún será más.
Retraso. Paciencia.
Intentamos olvidar
que el dolor existe.
pero eso sólo pueden hacerlo
los que no están presentes.

Comprendo la lengua de los alemanes, mis compatriótas

Estoy nombrando
los ritmos desaparecidos
de mi patria anterior
y voy citando también
el catálogo de los sonidos
germanos, nuevamente
recreados para mí
en mi presente.

Qué apariencia hubiesen tenido
mis reflexiones, si nunca hubiese hablado
el alemán ni lo hubiese escrito?

Pobre es el ser que no tiene ningün hogar;
pobre es el ser igualmente
que sólo tiene un hogar;
más pobre todavía quizás
es el que cree tener dos hogares
como yo, porque allá...
en un instante de supremo
desamparo y frialdad,
descubrimos que nos llaman extranjeros
en los dos lugares.

Mi derecho tan valioso
de poder elegirme una patria,
y que pude poner en práctica,
me hizo sentirme en aquella época
tan eufórica y feliz,
casi como bajo drogas,
y aquel jübilo indescriptible
de poder entender la lengua extraña
tan infinitamente, tan sin reservas...
todavía lo conservo ahora

como una vivencia muy auténtica
en medio de mis otros recuerdos,
que en general
no son muy íntegros
y se dejan sobornar
fácilmente; sí, la alegría
de poder narrarme a mí misma muy dentro
y encontrarme en el centro
de la lengua nueva,
convertirla casi en una parte de mi ser,
a pesar de que...
nunca he sido una niña alemana.
Pero precisamente,
porque nunca he sido una niña alemana
tendré que permanecer siempre
incompleta y extranjera
para los de este país.
Una alemana de veinte años
Tampoco podré serlo jamás.
Unidades de tiempo me faltan
en la patria nueva
pero tampoco la anterior puede abarcar-
me totalmente. El tiempo pasado
allí fue en verdad
más largo,
pero menos intenso.
Oh, yo, tan pobre y tan rica al mismo tiempo!
Yo que me marché
de un lugar... y ya nunca más pude volver
como había estado antes.

Una de las Musas:

Poesía cínica y torpe

Tengo un miedo muy terrible,
que no me deja casi respirar,
que hace pesado mi andar
y mi sentido de dirección posible:
-¿Quizás creyó usted que mi carta
era sólo publicidad
y la tiró a la vasura?

No quiero ir detrás de él con ruegos.
No parece lo bastante digno.
Pero eso sí preguntarle sin falta, debo, debo:
-Me ha costado muchos esfuerzos
la carta. Por equivocación tal vez...
Los dichosos anuncios,
la publicidad,
estos son mis enemigos.

-No, no. Buena noticia para usted.
Su carta ya llegó...

Entonces no le pregunto dónde la tiene,
seguramente sobre su escritorio.
Estoy por lo menos tranquila
de que mi carta en algún rincón
todavía gime, suspira y mira
de pasarse el tiempo sin desazón.

-¡Qué bien! Estoy contenta
de que usted mi carta...
-Para resumir en pocas palabras,
no puedo hacer nada por usted.
-Una tan buena noticia no lo es,
sin embargo...

-Tengo demasiado poco tiempo
y demasiado trabajo.
-Esa es una retórica falsa,
son argumentos malos,
esto no habla en contra de que pudiese hacer algo.
Es falta de interés,
nada más.
Confiéselo abiertamente.
Mi carta, mi carta...
Tal vez ni ha llegado a leerla.
-Sí que la leí, no es falta de interés.

No es solamente cínico,
sino que además argumenta absurdamente,
es tan torpe y tonto como yo misma
cuando preguntaba por mi carta,
mi carta, mi carta...
¿Estará quizás ya desde hace días
en el contenedor de las gestiones sin éxito
entre papeles de periódicos y prospectos?

Casi que voy a ayudarle
a abandonar el callejón sin salida
de sus argumentos equivocados:

-Quiere decir que le han impuesto
condiciones, que no puede hacer lo que quisiera.

Pero me sirve de bien poco
el que haya salido triunfadora
en mi rhetórica.
Mi carta, mi carta...
¿Adónde fue a parar al final?

-Ya es interesante, pero...
No puedo hacer nada, lo siento.
Es bueno que haya telofoneado,
así ya sabe el resultado.

Parece satisfecho.
Así ya no tiene que preocuparse más
e incluso se ahorra una pequeña carta
sobre mi carta, mi carta.
Con mi impaciencia y mis prisas
le he hecho aún el trabajo más fácil.
Cargo todo el peso sobre mí como una diminuta y activa hormiga.
Me pongo a sudar,
escribo, escribo,
redacto una petición,
espero, telefoneo, pregunto.

¡Pobre y mediocre muerto!
No puede hacer nada
por mí. Entonces viene mi venganza,
mi golpe de represalia al concluír:

-Tan satisfecho no puede estarlo.
Incluso las personas más célebres
contestan ohacen que las secretarias contesten.
Mi carta, mi carta...

Escuchando a papá y a Gardel

Cuando escuchamos al joven desaparecido,
a Carlos Gardel, el incomparable...
y otras voces también privilegiadas,
que por lo menos se le parecen,
nos quedamos muy pensativas,
muy tiernas y sensibles,
mi hermana y yo conmovidas
de pronto, cautelosamente inmóviles,
intentando ahogar el llanto locas
de tanta concentración y recuerdos.

Papá sabía todos sus tangos de memoria,
no sólo los textos, sino la expresión
de cada palabra, la entonación, la emoción,
el aire típicamente argentino de aquellas historias
entrañables de amor y de pena.

Cuando era niña, me deleitaba escuchándole,
podía dormir mejor con sus canciones,
lecho muy blando lleno de humanidad su voz,
para recostarse y descansar a gusto,
sin durezas, ni chirridos, ni reproches.
Y su refrescante bondad ignata era buena
no sólo para el sueño sino para despertarme
con más vigor por las mañanas,
para mirar la vida suavemente en sus muchas dimensiones.

Mi hermana lo hizo también después,
cuando yo ya no estaba en torno,
escuchar a papá y a Gardel,
vivir el contacto musical asombroso
con su curiosidad infantil y después de adolescente.

Ahora que él ya no está, quisiéramos preguntarle,
de dónde los había sacado

y cómo los aprendió tan bien, sin olvidar ni un pasaje
a través de los muchos años.
No tenía discos de Gardel ni cultivó su afición
yendo a peñas y festivales de tango,
pero en su juventud los escuchaba con gran devoción
y los conservó, los conservó...
En solitario los cantaba siempre,
como un poeta escondido sus versos.
En los momentos distendidos tras el trabajo,
cantaba a las mujeres de su familia
sus tangos predilectos,
que se convirtieron también en los nuestros.
Sobre todo "Volver", que cantaba con verdadero sentimiento,
y cada vez con más melancolía,
a medida que fue haciéndose más viejo.
"volver con la frente marchita,
las nieves del tiempo platearon mi sien...
sentir que es un soplo la vida,
que 20 años no es nada"...
Con la propia experiencia sufrida
tenía aún más expresión, madurez;
y fragmentos de otros tangos
que con lágrimas me vienen a la mente:
"Yo adivino el parpadeo de las luces que a lo lejos",
"Verás que todo es mentira",
verás que nada es amor."

Papá y Gardel se fueron...
distancias que nos pesan,
como al camello las enormes cargas,,
pero cuando escuchamos sus tangos predilectos
se nos queda muy ancha el alma,
muy abierta, dejando espacios
a nuestro lado para los que ya no están.
Lo sentimos muy cerca con cada tango,
como si él también participase en esos instrumentos
y voces, como si fuese él mismo
que estuviese cantando.

Venus:

Desnudos

¿Por qué en la playa,
bajo la ducha o en la cama
nos quedamos desnudos?
¿Desnudos para el baño, para hacer el amor?
¿Dónde aparecemos también desnudos?
¿En fotografías?
¿Correr desnudos por las calles?
Casi es imposible.
Estar medio desnudos quizás,
pobremente vestidos,
con muy poca ropaencima
y aún muy gastada y rota,
pero no del todo desnudos
y por breve tiempo, fugazmente.

Sólo los locos que han perdido la razón
se mostrarían desnudos por las calles,
personas que ya no pueden reconocer los lugares
donde se encuentran,
que creen aún hallarse
en la sala calentita
de su domicilio íntimo de antes...
o los exhibicionistas,
que sólo quieren llamar la atención.

Desnudos pornográficamente,
desnudos innocentemente,
desnudos locamente, sin entendimiento,
desnudos enamoradamente bajo las sábanas,
desnudos provocando el deseo
como las bailarinas de striptease,
desnudos para limpiarnos
por motivos de higiene,

desnudos por pobreza,
desnudos por despiste,
por habernos olvidado zapatos, calcetines
u otras prendas.

En el fondo nuestros cuerpos siempre se quedan desnudos,
sólo que escondidos bajo camisas, vestidos, abrigos,
ya no directamente tangibles, ni visibles.

Desnudos en la naturaleza
bajo árboles,
en el verano, en las noches
de embriaguez lunar.
Mano desnuda, sin guantes,
ojos desnudos sin gafas,
desnudos como los animales
con la sola protección de la piel como cáscara,
pensamientos desnudos tras una frente humana.

Desnudos por sinceridad,
amor desnudo, transparente
y sin escondites.
Estancias desnudas sin muebles.
Casi desnudo está tendido mi corazón,
la arteria impulsadora de mi vida
bajo tu mano acariciante.

Sometida al amor

Si uno está enfermo...
¡Pesadilla de mi incapacidad de ayudar!
Si el otro tiene problemas...
Me entristece el cansancio
y la depresión de los que amo.

Uno tira de mi brazo derecho,
el otro se agarra fuerte a mi brazo izquierdo;
yo no tengo voluntad,
no tengo personalidad,
soy como un muñeco,
por culpa de que el amor tiene dos vertientes,
dos corrientes separadas de amor.

Soy como una autómata
de cartón.
Mucho más no soy...
aún menos que vidrio o metal,
a pesar de mis muchos nombres e historias,
soy polvo sin objetivos,
si no me comprenden y acarician.

Hago un plagio múltiple de mí por desesperación,
termino cada frase idiotamente
con la palabra „amor".
Llamo a mis amados
divinos, iluminación,
el motivo principal de mi existencia,
si no, tan sin razón.

Soy como una débil esclava
por fidelidad y apego,
sometida a los humores de los que ama,
voy siempre mendigando cariño,
encuentro sólo alegría en la charla con ellos,
sonrío ante el cálido, anticipado
goce de sus expresiones de afecto,
tiemblo ante la pérdida de su amor,
ante su apocalíptica lejanía.

Quisiera ser fuerte y útil para ellos,
para proteger a los amados
de los golpes del destino,
vivir sólo para cuidarlos.
Pero soy de piel frágil
como una hoja de árbol,
una esclava tísica
y mal alimentada del amor.

A veces quisiera como venganza
deshacer a mordiscos los puentes hacia los amados,
con mordiscos sin dientes,
leves, que no hacen daño.
Quisiera estar solitaria, desconectada,
como una orgullosa isla,
sólo sentirme a mí misma
y no más sus necesidades atormentadoras.

¡Oh! Quisiera, como los seguidores de Buddha,
sin sentimientos, sin raíces, sin dolores de amor,
poder andar libremente...
con absoluta tranquilidad.

Una geografía del encanto

Personas que hablan sobre puntos geográficos
y con ellos venden
imágenes de placer y atracción.
El erotísmo de viajar,
de lugares misteriosos, topos,
vive en el fondo de sus descripciones entusiastas.

"España", dicen, y tiemblan de deleite.
Las castañuelas suenan sensualmente,
como una culminación para los oídos,
y para poder imaginar un baile lujurioso
tras los muros de un antiguo convento.

Dicen "Francia" y abren
sus labios como para besar.
La geografía sabe bien,
París y Niza tienen buen sabor,
deliciosos, como los bonbones de licor.
que se disuelven en la saliva hecha dulce,
que nunca se vuelven duros y secos.

Ellos dicen: "Un barco en el mediterráneo,
en el Mar Negro o en el Caríbe",
y toda la sexualidad psíquica
de sus recuerdos o sueños
revolotea incesantemente como plumas,
se descarga espontánea y felizmente
con chispeantes golpes de corriente
tras un acto de unión
entre dos personas
potente y efectivo,
que los otros participantes
quieren celebrar sin inhibiciones..

Thailandia y ahora Alemania son los modernos
países del amor, flatrates y turismo de sexo.
En su raíz ya estaba todo allí, nada nuevo.
Pero le falta el misterio,
el ritmo mágico.
Se pierde toda la poesía,
en la masa de los clientes disfrutando
y de sus víctimas.

Iustitia:

Louis Braille vive todavía

Una casa con grandes ventanales,
donde se hospedan mucha luz y mucho aire...
Estos seis puntos misteriosos
que nos hicieron mayores de edad,
maduros, dinámicos,
capaces de aprender siempre más.

Liberadas del analfabetismo
nuestras manos acarician
pensativamente las excitantes páginas,
sin fatiga,
incluso mientras los otros duermen;
somos independientes de la electricidad,
de las velas y de la claridad del día.
Somos aventureros, leemos,
viajamos a oscuras
sin pilas ni linternas
y no con los ojos, con las puntas de los dedos.
Sólo así se puede tocar
el papel los pensamientos
con una tal profunda intimidad.

Los videntes observan impresionados
nuestra lectura, el movimiento de nuestras manos,
los seis puntos que no saben descifrar,
este crónico milagro
en nosotros de poder leer
a todas horas sin vista,
sin ayudas exteriores visuales.

Y sobre esta fantástica escritura
con esas letras míticas en relieve,
que sin embargo son tan reales,
aún podría decir más que sobre la lectura.
Tan sólo nos hubiera sido accesible el habla,
pero sin el ejercicio meditativo de escribir
se hubiesen quedado nuestras pobres palabras
como medio animales,
perdidas, torpes, mal formadas.

También la línea Braille en el ordenador transforma
la escritura de los videntes
en la nuestra familiar,
gracias a los prodigios de la técnica.
Los seis puntos del intelecto
y el amor están allí,
para que podamos sobrevivir.

Minerva:

La elegía no se escribirá

Cuando me cogió el vértigo brevemente
pensé, casi sin poder respirar:
¡Algún día lo sabré,
debido al freno de mi motor,
que es tan poco importante
lo que quería hacer,
que no es muy difícil desprenderse
de la vida y dejarle el paso
a una existencia desacostumbrada,
anafabeta, sin accesorios
para escribir palabras!

Con una indiferencia humilde
y con un sentimiento de lugares distantes,
como observando la página de un diccionario,
me olvidaré...
de que tenía una cita;
la tarea que me absorbía tanto
la aplazaré,
con el corazón ligero,
sin preguntar ya más hasta cuándo...

¡Desde mi nacimiento, invariable,
nacida así para la tierra!
Desde mi primer día
casi haber permanecido igual.
Pero desde el día de la muerte en adelante,
pues sólo se muere una vez e irrevocablemente,
nunca ya más como había vivido. ¡El cambio más grande!
Y no lloramos por nada.
El género de la elegía ya no existe.

Los lenguajes - violencia

De un lenguaje al otro, corriendo,
entre ser violada o ser decapitada,
entre rapto o suicidio,
perdiendo mi camino.
El sacerdote tiene un lenguaje propio...
"Dominus vobiscum"
El poeta con su lenguaje peculiar...
"Tú, yo y la luna"
El cocinero tiene un lenguaje muy típico...
"Comer, comer"
Los del "teléfono de la esperanza"
tienen una lengua muy especial...
"No hay motivo para desesperarse
piénselo bien"
Aquí está la lengua de los enamorados...
con claves secretas,
soñadora, sellada
y extraña para los demás
"Nadie es como tú, mi más amada"

¡Ah, rabia! El lenguaje resuelto
y potente de los soldados
y el de los hombres de negocios...
"Guerra, guerra... Negocios, negocios..."
Fanfarronear, cansancio, reflexionar

¡Ah, El lenguaje encantador de los niños
que suena cariñosamente...
"Mami, mami, chupete, azúcar"

El lenguaje desagradable
de los palomos atormentadores
en las grandes ciudades
que nos recuerdan a
estados de jaqueca...
"Gurr, gurr, gurr"

Las muchas lenguas enloquecedoras
del mundo me están gradualmente
poniendo nerviosa
No son las lenguas extranjeras
de los que nacieron en otros lugares...
"Hallo, bon jour"

Es el lenguaje del médico...
"Glaukom, Hypertrophie, in vitro"
tan lastimero, artificial y parecido
a todos los que ejercen su profesión

Es el lenguaje de las viudas...
"Mi marido tan bueno y sin igual"

Es el código omnipotente y burocrático
que utilizó Kafka para describir
a los temibles servidores jurídicos...
„En nombre del tribunal
se emite la siguiente sentenciaa

El lenguaje de los filósofos...
"Meditar sobre el ser"
y el lenguaje débil de los enfermos...
¡Oh, está haciendo daño.!

Es la lengua ya no lengua
y sin embargo Eterna
la voz de los que murieron...
"Todavía vivimos en vuestros pensamientos"

Algunas son seductoras
otras molestas

El lenguaje picaresco de los estudiantes
que lo abrevia todo
contundente e indecoroso...
"Al profe de mates lepondremos
huevos podridos"

Las diosas de la belleza
hablando su lenguaje
tonto y frívolo...
"Dónde está mi espejo,
mis joyas, mi maquillaje?"

De tantas palabras podría vomitar
y aún están afirmando
los centenares de miles
de lenguajes humanos
que yo soy la lengua misma
y que los puse todos en el mundo

Ya no tengo más paciencia
con esas mentiras de los lenguajes
Siempre me condicionan, me limitan
nunca me dejan elegir
A partir de hoy solamente
produciré sonidos de animales...
"Wau, wau"
Pero incluso el lenguaje de los
animales está preestablecido

Agresiones dobles
yo, agresivo
y contra mí los lenguajes enormes
El yo representa lo ilegal
sin fechas
en un exilio hipócrita
estoy muda...
pero siempre consciente de las lenguas

Los pies dan patadas a las lenguas
sin compasión
Las lenguas gritan un dolor inaudible
me voy a vengar de las lenguas
que siempre están exigiendo algo de mí

Las palabras son como niños mal educados
golpean, tamborilean,
anuncian represalias sin piedad
sobre los oídos cansados
y agotados de sus víctimas

El tema inpronunciable
es la violencia...
casi sin poder respirar
huyo de algunos lenguajes

Existen lenguajes horribles
en nuestra época
que al que habla de una manera normal
le parecen intraducibles
vocabulario terrible de la violencia
desde la amenaza hasta el ataque

"Un perturbado mental mata
repentinamente, sin motivo alguno
en una escuela o en una iglesia
a quince o más, veinte personas"
"Un terrorista coge un avión y..."
Un pederasta,
uno que se ha vuelto loco y un terrorista
son la Trinidad del mal
De todos ellos es el perturbado mental
al que aún puedo comprender más
pero desgraciadamente quizás
moriré hoy sin más bajo su mano
y no podré más ni comentarlo

Venus:

El equipaje peligroso

Registrada antes del vuelo,
visita examinadora...
Nos quitamos los zapatos
y éstos son también radiografiados,
los tacones investigados.
Miedo al terrorismo.

Pero no llevo ninguna bomba, ni armas.
11 de setiembre, la amenaza,
caminos sombríos del miedo.
Pero sólo llevo la pesadez
de mis preocupaciones, lo inexplicable
en los signos de mi destino.

Llevo conmigo mi edad,
relámpagos de recuerdos,
trozos de mi hogar y del extranjero,
mis dolores de espalda,
mi lucha con inseguridades y decepciones.

También llevo conmigo
noticias de muertos por televisión,
explosiones ahogadas
de luto en mi corazón.

El detector acaricia mi vestido,
algo extraño,
pero vitalmente necesario,
unidades de defensa propia,
de desconfianza.
El detector cosquillea mis costillas.
Quiero reírme,
mi cuerpo es tocado de franja a franja,
explorado, interrogados
todos los posibles sitios secretos
en el equipaje de mi yo.

Hay que quitarse el cárdigan,
vaciar los bolsillos.
La llave del piso ha sido descubierta,
"metal", prjectada hacia fuera.

No llevo ningún cuchillo peligroso,
sólo el puñal de mi intranquilidad, de mis enfermedades,
la bomba de mis pensamientos...
silenciosa, impenetrable.
la bomba de mi rabia a veces
contra diversos fenómenos
y la dinamita melancólica
de mis caracteres latinos.

Traigo conmigo la Angustia,
ciudades, años, palabras...
tranquilizantes en meditación,
oraciones recomfortantes
para horas difíciles.
Éstas son mis drogas.

Como una suicida...
pero inofensiva para los demás,
me tiro igual que un explosivo al aire
de mis deseos irrealizables.

Minerva:

La poesía del viaje

En mi bolso
se encuentran muy pocas cosas,
me da vergüenza casi
enseñar su contenido.
Pido un aplazamiento
para la exhibición
de estos objetos
tan ridículamente pequeños,
de los suspiros dentro de mi bolso.
Mañana, mañana
lo verán ustedes todo
cuando yo ya no exista.

Mi bolso es como
una antítesis de mi habitación.
Allí está todo lleno.
Se hallan en su interior
los más complicados productos,
me dán la impresión
de que estoy en un laberinto.
Estoy inmensamente insegura
en cuanto a tamaño y calidad
de mis pertenencias terrenas,
de si son indispensables o no.

He coleccionado
demasiadas cosas en mi vida,
hechas sólo para herederos hipotéticos.
Atención, atención,
empacho de alimentos,
y mi bolso en cambio, me lo llevo al exilio.
Está casi vacío,
pero no es pobreza amenazante,

sino la ligereza de un arte muy expresivo.
Mi habitación tiene toda
la extensión épica de la prosa;
mi bolso es la poesía densa.

Mi habitación es un océano desvariante
lleno de mí misma, tiene
demasiado de mí, de mi voz decadente
venida a menos, sin sonido aristocrático.

El bolso es mi isla,
lleva en sí la amnesia reactivante
de lo poco, de lo simple.
Lo enseñaré mañana, cuando yo ya no exista.

Había solamente un pañuelo
en mi bolso: tan minúsculo,
sin pretensiones, insignificante,
pero todavía útil,
para apartar lágrimas,
pintalabios, sudor y suciedad.

Si por lo menos me permiten
llevarme esto...
como un último resto.
Mi bolso, que yo cogía siempre,
contiene el aroma indescriptible
de mis manos para la eternidad,
el tesoro inmaterial
de mis muchos viajes.

Mnemosyne y Minerva:

El tormento de los que piensan

Un seguro de vida.
Sólo en parte son exactos.
He sido aceptada.
los datos antiguos.
aceptada sin problemas.
por eso no estoy del todo segura.
aceptada, porque yo en mi vida.
de que las tareas que comenzaré ahora.
nunca había estado enferma.
sean todavía válidas.
así es que puedo después de un cuidadoso.
todavía válidas mañana.
Exámen de mis órganos.
Las tareas se me van de las manos.
hacerme un seguro, hacerme un seguro.
Las antiguas y las nuevas.
Firmo aliviada.
La palabra rusa para „casa" aún la sé.
aliviada de que alguien.
pero centenares de palabras.
reciba algo cuando yo.
las olvido diariamente.
me muera.
Estoy exajerando en cuanto al número.
y aunque sea poco.
voy olvidando 3 o 4 palabras por día.
como compensación por.
de aquel diccionario tan costosamente adquirido.
por una vida tan larga.
de mis conocimientos mortales.

de cometidos crónicamente extraños.
Legar algo sí que quisiera.
crónicamente confusos.
En caso de ataque al corazón.
Número de asegurada, perdido.
o en caso de estrellarme en el avión.
sobre la lápida del intelecto, perdido.
en caso de robo, terremoto, fín del mundo.
No estés friste por las lenguas, extranjeras, nombres e invenciones.
en tales casos, el seguro no cubre.
que en el más allá ya no existirán.
los gastos, no es válido.
¿A quién y qué voy a legar?
Es como si no lo hubieramos hecho.
¿Quién es importante de los que quedarán?
Con este escrito yo aseguro.
¿Y qué es importante en nuestra misión?
que la palabra rusa para „casa".

(las dos juntas)
todavía la conservo en mi memoria.

Sobre la autora

Pilar Baumeister (Andreo y Vila de soltera) nació en Barcelona, privada de la vista, en 1948. Comenzó a escribir a los doce años.

Obras en castellano son:
„Estados Interiores", poesía;
„La laguna de los diez Años", en 1966, novela corta, y la novela „El Antro de los Extraños".

En 1975 contrajo matrimonio y se fue a vivir a Alemania: Bonn, Marburg y principalmente Colonia, donde reside desde 1979. Es doctora en filología alemana e inglesa y licenciada en filología rusa por la Universidad de Colonia.

Da recitales y conferencias periódicamente por Alemania y España. Desde 1998 es representante de los escritores extranjeros afincados en la región de Renania-Westfalia en el Schriftstellerverband, Sindicato de Escritores Alemanes. Desde 2006 coordina el Proyecto de lecturas con escritores emigrantes en sus lenguas respectivas y otros que ya escriben directamente en alemán, subvencionados por el departamento cultural del Ayuntamiento de Colonia. Colabora también activamente en el hermanamiento entre las ciudades de Barcelona y Colonia. Desde 2008 es miembro de las Asociaciones de Escritores y Traductores de España.

Publicaciones en alemania:
"A pesar de Franco... los mejores momentos", Norderstedt, 2015 (en castellano).
"Exotische Geschichten: Wo komme ich her?", Norderstedt, 2014.
"El barco Parso para todos, hasta para los ciegos", (en castellano y alemán) Bonn, 2011.
"Wir schreiben Freitod ... Schriftstellersuizide in vier Jahrhunderten - Escribimos muerte voluntaria... suicidios de escritores en los últimos cuatro siglos", Frankfurt am Main, 2010.
"Lyrikbrücken - Puentes en la Poesía", diez poetas invidentes de diez países europeos, Berlin, 2009.
"Zwei Länder, die sich lieben... Geschichten aus Spanien und Deutschland" - „Dos países que se quieren... Historias de España y Alemania", Bonn 2006.
"Die Erfindung des Erlebten - La Invención de lo Vivido", relatos, Essen, 2000.
"Die Literarische Gestalt des Blinden im 19. und 20. Jahrhundert", tesis doctoral, Frankfurt am Main, 1991.

Índice

Mundo de sonidos, el vientre materno 5
Minerva intranquila y Venus enamorada 8
Cómo pensar 11
La presencia 13
La intérprete simultánea 15
Una pancarta contra la muerte del amor 17
Cuerpos líquidos 19
Ceremonia para hacer que resucitemos 21
Los muchos pasos muy difíciles 22
Al lado del que duerme 24
Lengua materna 26
Ciclo de amor sin armonía 28
Despedida 30
La transformación 32
Vuestras voces 34
Pensamientos de un invidente al tocar un bolígrafo 35
La melodía del Stress 38
Mi yo material 40
Diálogo con el cuerpo 42
Beso a la piel 45
Una declaración política de amor 47
Envidia o compasión 49
Lo que impulsó a algunos seres 50
La experiencia de ir desnudandose 52
Cero y sin recursos 54
Días de mosquitos, fumigación 57
Un termómetro para medir la falta de amor 60
El segundo amoroso del sexo 62
La vida tactil 65
Hablar dos lenguas 71
Las manos 73
Pausas, domingo, vacaciones 75
El anfitrión erótico 77
El segundo nacimiento 78
Energía del Viento dentro de mí 80

La niña adulta	82
Un Goethe que cumplió 250 años	84
Por Navidad y siempre	85
La aparición	87
De tanto com-prender, caerse muerto	90
La lámpara y el insecto	92
La historia prohibida de una posesión	94
El masaje, la tercera forma del contacto	97
El aplauso inaudible	99
¡Ayúdame, mímica!	101
El himno de los minusválidos	103
A los cuarenta aún sin sentarme	107
Quiero confiar en que sufres menos de lo que pienso	108
Comprendo la lengua de los alemanes, mis compatriótas	111
Poesía cínica y torpe	113
Escuchando a papá y a Gardel	116
Desnudos	118
Sometida al amor	120
Una geografía del encanto	122
Louis Braille vive todavía	124
La elegía no se escribirá	126
Los lenguajes - violencia	127
El equipaje peligroso	132
La poesía del viaje	134
El tormento de los que piensan	136
Sobre la autora	139